INVENTAIRE
Yf 2962

OEUVRES
COMPLÈTES
DE MOLIÈRE,

REVUES AVEC SOIN
SUR LES DIFFÉRENTES ÉDITIONS;
PRÉCÉDÉES D'UNE NOUVELLE VIE DE MOLIÈRE, ET D'UN TABLEAU
CHRONOLOGIQUE ET HISTORIQUE DE CES PIÈCES;

PAR P. R. AUGUIS.

TOME PREMIER.

PARIS,
FROMENT, QUAI DES AUGUSTINS, N° 17.

1823.

COLLECTION

DES

CLASSIQUES FRANÇAIS.

SE TROUVE AUSSI

Chez { AIMÉ ANDRÉ, quai des Augustins, n° 59;
PARMANTIER, rue Dauphine, n° 14;
BERQUET, rue de l'École de Médecine, n° 4.

DE L'IMPRIMERIE DE FIRMIN DIDOT, RUE JACOB, N° 24.

OEUVRES

COMPLÈTES

DE MOLIÈRE,

REVUES AVEC SOIN

SUR LES DIFFÉRENTES ÉDITIONS;

PRÉCÉDÉES D'UNE NOUVELLE VIE DE MOLIÈRE, ET D'UN TABLEAU
CHRONOLOGIQUE ET HISTORIQUE DE SES PIÈCES;

Par P. R. Auguis.

TOME PREMIER.

PARIS,

FROMENT, QUAI DES AUGUSTINS, N° 11.

MDCCCXXIII.

NOTICE

BIOGRAPHIQUE

SUR LA VIE ET LES ÉCRITS

DE MOLIÈRE.

Jean-Baptiste Poquelin naquit à Paris en 1620. Son père était tapissier du roi ; comme Shakespear, il passa les premières années de sa vie dans l'ignorance et l'inaction ; et ce ne fut qu'à l'âge de quinze ans qu'il entra au collége de Clermont où il étudia sous d'excellents maîtres, et eut pour condisciples des hommes qui presque tous parurent avec éclat sur la scène du monde, ou devinrent célèbres comme savants et comme hommes de lettres. De ce nombre furent le prince de Conti, qui figura quelques années après dans la guerre de la Fronde ; Chapelle, si connu par son aimable insouciance et par son talent naturel pour les vers ; Cyrano de Bergerac, esprit bizarre, mais original, auteur de quelques bonnes scènes de comédies. Après avoir fait ses humanités avec succès, Poquelin se rangea au nombre des disciples de Gassendi qui enseignait la philosophie. Il paraît que c'est dans ce temps qu'il forma le projet de traduire en vers le poème de Lucrèce, ouvrage qu'il ne fit qu'ébaucher. Son père vieux et infirme, ne pouvant plus suivre la cour pour y remplir les devoirs de sa charge, Poquelin qui en avait la survivance, fut du voyage que Louis XIII fit en Languedoc. Il avait alors vingt ans, et n'avait pas eu le temps de terminer son cours de philosophie. Les comédies de société étaient alors très à la mode; la jeunesse s'y livrait avec enthousiasme. Poquelin se mit à la tête d'une de ces troupes, qui, après avoir obtenu de grands succès, prit le titre d'*illustre théâtre;* il changea son nom en celui de Molière, qui avait déja été porté par un acteur médiocre de l'hôtel de Bourgogne. Ce fut sans doute pour ménager la délicatesse de ses parents qui ne pouvaient se consoler de voir leur fils paraître sur un théâtre.

Dans son voyage en Languedoc il avait eu occasion de connaître madame Béjard, très-bonne actrice, passionnée pour son art, et dont le caractère avait plus d'un rapport avec celui de Molière. Quoique plus âgée que lui, elle parvint à lui plaire ; le goût du théâtre les réunit ; ils partirent pour Lyon avec une troupe de comédiens qu'ils avaient rassemblée. Molière y débuta par la comédie de l'*Étourdi*, où l'on remarqua cette verve comique, et ce naturel de dialogue qui lui valurent depuis tant de succès. Un théâtre rival du sien fut aussitôt abandonné, et les principaux acteurs de ce théâtre passèrent dans sa troupe. Il était alors âgé de trente trois ans.

Après avoir brillé quelque temps à Lyon, cette troupe partit pour le Languedoc où le prince de Conté alloit tenir les États. Molière vint à Béziers; des appointements furent donnés à sa troupe, et on le chargea de la direction de tous les divertissements. C'est là qu'il fit représenter le *Dépit Amoureux*, sa seconde comédie en vers. On assure que le prince de Conti offrit à l'auteur la place de secrétaire de ses commandements ; mais Molière se sentait entraîné par un penchant trop décidé vers le théâtre, pour qu'il pût accepter cette offre. Le prince ne fut nullement blessé de son refus, et lui continua son amitié et sa protection.

Avant de quitter Paris, il avait recueilli un grand nombre de scènes italiennes dont il faisait des canevas qu'il donnait à ses acteurs. On les jouait en improvisant : c'était sa principale ressource dans la disette de nouveautés. On a retenu les titres de cinq de ces farces, *le Docteur Amoureux*, *les Docteurs rivaux*, *le Maître d'École*, *le Médecin Volant* et *la Jalousie de Barbouillé*. Boileau qui avait vu la première à Paris, où elle fut jouée, lorsque la troupe de Molière y débuta, regrettait qu'elle eût été perdue. On retrouve quelques traits de la quatrième dans le *Médecin malgré lui* : la cinquième paraît avoir été le germe de la comédie de *George Dandin*.

Les États de Languedoc étant finis, la troupe de Molière quitta Béziers et se rendit à Bordeaux, où fut représentée la tragédie de la *Thébaïde* qui n'eut aucun succès. Molière avait méconnu la nature de son génie, en croyant qu'il pouvait chausser le cothurne de Melpomène du même pied que le brodequin de Thalie. La pièce fut retirée, et l'auteur quitta Bordeaux pour se rendre avec sa troupe à Grenoble, où il passa l'hiver de l'année 1658; il vint ensuite s'établir momentanément à Rouen. Mais la vie errante des comédiens de province commençait à lui déplaire, il recourut de nouveau à la protection du prince de Conti, qui le présenta à Monsieur, frère du roi, et la troupe de Molière prit sans obstacle le nom de *troupe de Monsieur.* Elle débuta à Paris dans la salle des gardes du vieux Louvre, qu'on avait décorée. Cette représentation eut lieu le 24 octobre 1658 : le roi ordonna sur le champ que Molière s'établit à Paris, et lui donna la salle du Petit Bourbon, qui existait à la place où est aujourd'hui la colonnade du Louvre. Il y joua jusqu'en 1660, que son théâtre fut démoli pour les constructions qu'on devait faire au Louvre, et obtint la salle du Palais Royal qui avait été bâtie à grands frais par le cardinal de Richelieu. Les ennemis de Molière, à la tête desquels étaient les comédiens de l'hôtel de Bourgogne, furent effrayés de ses succès, et se promirent de l'en punir à la première occasion. Elle ne tarda pas à se présenter, Molière venait de composer une comédie héroïque, genre qui était alors très à la mode : *Don Garcie de Navarre* fut représenté sans succès, et ne fut joué que trois fois, encore Molière fut-il obligé dans les deux dernières de se faire remplacer par un de ses camarades qui avait plus de talents que lui pour remplir ces sortes de rôle. Il retira sa pièce qui ne fut imprimée qu'après sa mort.

Quatre mois étaient à peine écoulés depuis la chûte de *Don Garcie,* lorsqu'il donna l'*École des Maris*, dont le succès le vengea de la haine de ses ennemis. Molière dut l'idée de cette pièce à une nouvelle de Scarron et à un mauvais roman burlesque. Le surintendant Fouquet voulut donner une fête au roi et à la jeune reine dans son château de Vaux; il s'adressa à Molière pour l'embellir par une comédie nouvelle; et Molière composa en moins d'une semaine la comédie des *Fâcheux*, dont Pélisson, secrétaire et ami de Fouquet, fit le prologue. Cette pièce dont le fond est léger, offre une heureuse imitation de la neuvième satire d'Horace et plut généralement. Louis XIV lui-même ne dédaigna pas d'indiquer à l'auteur un original qu'il avait oublié de prendre. *Les Fâcheux* peuvent être considérés comme la première bonne pièce épisodique.

Molière épousa à-peu-près dans le même temps la fille de cette même madame Béjard avec qui il s'était associé d'inclination et d'intérêt quand il avait formé une troupe, et avec qui il avait continué de vivre au milieu des orages d'une jalousie qui n'était pas toujours sans sujet. La même année il fit représenter l'*École des Femmes*: cette pièce orna une fête que Louis XIV donna le 6 février à sa mère et à la reine. Elle fut applaudie à la cour, quoique le poète eût hasardé quelques expressions libres ; mais à la ville on fut plus sévère, on se récria contre quelques plaisanteries de la pièce. Cette pièce, qu'on doit considérer comme un des chefs-d'œuvre les plus achevés, offre la même perfection, soit pour le style, soit pour les caractères, soit pour la contexture de l'intrigue ; elle est tirée d'une nouvelle de Boccace, et d'une comédie de Lope de Vega intitulée la *Discreta enamorada* ; mais Molière s'appropria en maître les idées de ces deux hommes célèbres. Pierre Corneille voyait avec peine qu'un autre poète vint partager avec lui les applaudissements du public ; il en avait joui jusque-là presque sans partage ; Boileau qui ne suivait pas la même carrière, donna dans le temps son amitié à Molière, et il s'établit entre ces deux hommes célèbres une liaison intime qui ne fut rompue que par la mort. Dans une petite comédie intitulée *la Critique de l'École des femmes*, Molière répondit aux objections qu'on avait faites contre sa pièce, tourna ses ennemis en ridicule, et chercha plus à les attaquer qu'à se défendre. Pour se venger de Boursault qui avait cru se reconnaître dans un personnage de *la Critique de l'École des Femmes*, et avait fait représenter une pièce intitulée *le Portrait du Pein-*

tre, dans laquelle Molière n'était pas ménagé (1); il composa sur le champ l'*Impromptu de Versailles*, comédie dans le genre de la *critique des femmes*, et dans laquelle il poussa la licence comique jusqu'à nommer Boursault; mais lui-même se vit peu de temps après traduit sur la scène par Montfleury, et le même public qu'il avait si souvent amusé de ses plaisanteries, ne se refusa pas au malin plaisir de rire de ses ridicules.

Louis XIV donna en 1664 une fête magnifique à Versailles, et Molière fut chargé de l'embellir par ses ouvrage. On y joua la *Princesse d'Élide* (2), le *Mariage Forcé* (3) et les trois premiers actes du *Tartuffe*, pièce annoncée depuis long-temps,

(1) Les comédiens de l'hôtel de Bourgogne persuadèrent malignement à Boursault que Molière avait voulu le jouer dans le rôle du poète Lisidas, personnage de la pièce. La colère aveugla Boursault, qui ne s'aperçut pas du piège qui lui était tendu; pour se venger, il fit le *Portrait du Peintre*, où il chercha à tourner en ridicule les plaisanteries de l'*École des Femmes*.

(2) Cette pièce est tirée d'une comédie espagnole d'Agustino Moreto, intitulée *El Desden con el Desden*. C'est un sujet où les sentiments délicats sont mis en jeu : on s'aime long-temps sans oser le dire, et sans même le savoir. Cette pièce peut être considérée comme le premier modèle du genre de Marivaux. Elle eut beaucoup de succès, parce qu'elle présentait des allusions à quelques intrigues d'amour qu'on cherchait vainement à tenir secrètes.

(3) On assure qu'une aventure arrivée en Angleterre au comte de Grammont, donna à Molière l'idée de cette comédie. Il est

et qui divisait déja les esprits. Tourmenté à la même époque par des chagrins domestiques, la conduite trop légère de sa femme fit naître en lui un sentiment qu'il n'eut pas la force de maîtriser. La jalousie empoisonna son existence; il avait eu la foiblesse d'épouser une jeune personne dont il aurait pu être le père, différant peu en cela des Arnolphe et des Sganarelle dont il avait si bien peint les amours et la jalousie. Ses ennemis ne sachant comment se venger de sa supériorité, l'accusèrent d'avoir épousé sa propre fille, mais il fut facile de faire tomber cette infame accusation. Il allait quelquefois se délasser de ses travaux pénibles et oublier ses chagrins dans une petite maison qu'il avait louée à Auteuil, où Boileau, Lafontaine, Racine, Chapelle, venaient s'entretenir avec lui, admirer son génie extraordinaire, et quelquefois le prendre pour juge dans leurs démélés littéraires. L'essai de représentation qu'il avait fait à Versailles des trois premiers actes du *Tartuffe* n'avait pas réussi, la pièce avait été suspendue, et cette suspension avait nui à la troupe de Molière qui comptait sur le succès de cette comédie. Il crut pouvoir réparer cette perte, en arrangeant pour la

plus probable que les courtisans, en voyant la pièce, s'amusèrent à faire l'application.

scène française *le Festin de Pierre*, comédie espagnole de Tirso de Molina, que les comédiens italiens avaient récemment donnée, et qui avait fait courir tout Paris; mais les personnes qui avaient cabalé contre *le Tartuffe*, cabalèrent contre *le Festin de Pierre*. Cette pièce eut peu de succès; quelques traits qui avaient paru trop hardis, supprimés à la seconde représentation, furent saisis avidement par les ennemis de l'auteur. On s'éleva aussi contre le parti que Molière avait pris d'écrire cette comédie en prose, et le public partagea cette prévention. Ce ne fut qu'après la mort de Molière, lorsque sa veuve fit mettre en vers *le Festin de Pierre*, que cette pièce obtint le succès qu'elle méritait. M. Dimanche est une peinture aussi exacte que comique des marchands du dix-septième siècle. Poursuivi par les ennemis que les productions de son génie rendaient de jour en jour plus nombreux, il avait conservé la bienveillance de Louis XIV. Ce prince lui donna deux pensions, l'une de 7000 livres, qui devait être partagée entre les comédiens, l'autre de 1000 livres pour leur chef. Son revenu d'ailleurs allait à 30,000 livres qui en feraient plus de 80,000 d'aujourd'hui. Sa maison située dans la rue de Richelieu, était sur un pied conforme à cette fortune. Les plus illustres personnages de la cour s'honoraient de leurs relations avec lui; le maréchal de Vivonne, le grand Condé, Louis XIV, trouvaient un charme particulier à sa conversation. Il y avait dans la vie agitée de cet homme extraordinaire un mélange de biens et de maux qui ne formait pas cependant une compensation suffisante pour le bonheur. Racine, qu'il avait produit à la cour de Louis XIV, eut le malheur de le payer d'ingratitude, et mademoiselle Duparc, la meilleure actrice de son théâtre, oubliant qu'elle lui devait sa réputation, le quitta pour aller jouer sur le théâtre de l'hôtel de Bourgogne : il n'avait cependant rien perdu de la force comique de son talent. Les médecins avaient été jusque-là à l'abri de son génie, il les mit pour la première fois sur la scène dans sa comédie de *l'Amour Médecin.* La pièce fut faite et apprise en cinq jours; elle offre un trait de génie, c'est la scène où les quatre médecins assemblés pour une consultation, s'occupent de choses frivoles. L'accueil froid que reçut du public le chef-d'œuvre du *Misanthrope*, lorsqu'il fut représenté pour la première fois, aurait fait craindre à Molière qu'il n'eût pas convenablement traité son sujet, s'il n'eût été rassuré par les éloges de Boileau, dont le seul suffrage contrebalançait celui du public.

Le *Misanthrope* fut retiré après la troisième représentation : deux mois après, l'auteur le remit avec *le Médecin malgré lui*, qui attira la foule et ramena le public. Cette dernière pièce dont le principal personnage est calqué sur un perruquier du palais, qui servit aussi de modèle à l'un des héros du Lutrin, est tirée d'un vieux conte dont l'idée est très plaisante. Il est assez singulier qu'il fallût une farce de ce genre pour faire passer un chef-d'œuvre tel que le *Misanthrope*.

C'était toujours à Molière que Louis XIV avait confié le soin d'égayer les fêtes qu'il donnait à sa cour ; mais rarement laissait-il au poète le temps de composer les pièces qu'il lui demandait ; il voulait que tout fût prêt à l'heure de sa volonté.

Pressé par le temps, Molière ne put donner que les deux premiers actes de *Mélicerte*, pastorale. Les plus belles femmes de la cour, parmi lesquelles on remarquait madame de La Vallière et madame de Montespan, dansèrent dans le ballet. *Le Sicilien* fit aussi partie de cette fête. C'est le premier modèle du genre que Saintefoix adopta depuis dans les petites comédies de *l'Oracle* et des *Graces*. Mais ses chagrins domestiques semblaient grandir avec ses succès. Séparé de sa femme, il devint pour elle un objet de haine et de mépris.

La rumeur qui s'était élevée contre *le Tartuffe*, paraissait apaisée après trois ans d'interruption. L'auteur avait employé ce temps à corriger sa pièce; il en avait changé le titre, et l'avait intitulée *l'Imposteur* : au lieu de faire paraître son principal personnage sous le costume ecclésiastique, il lui avait donné celui d'un homme du monde, et plusieurs adoucissements paraissaient devoir désarmer les critiques les plus sévères. Une seule représentation suffit pour réveiller toutes les haines; les faux dévots jetèrent les hauts cris, et le premier président de Lamoignon, qui jusque-là s'était montré le protecteur des gens de lettres, crut devoir défendre la seconde représentation jusqu'à un nouvel ordre du roi. Louis XIV, dont la raison se taisait trop souvent devant ce qu'il croyait être de la religion, qu'il ne savait pas distinguer de ce qui n'était pas elle, n'eut pas le courage de lever une défense qu'il n'aurait osé prononcer; il se contenta de plaindre l'auteur, et de mêler ses regrets à ceux du grand Condé sur ce que *le Tartuffe* n'était pas représenté. Coupable condescendance d'un prince qui avait la conscience de sa faiblesse, et qui n'était impuissant que contre sa volonté! Tandis que Molière, plus fort que l'adversité, faisait de *l'Amphitryon* de Plaute une pièce où brillait toute l'originalité de son génie. Cette pièce obtint tout le succès qu'elle méritait, malgré les justes observations de Boileau qui en blâmait quelques parties, et les injustes critiques de madame Dacier, qui ne voulait pas permettre qu'un moderne fît mieux qu'un ancien. Plaute, qui se croyait mieux défendu par le génie de Molière que par le zèle de son traducteur, sembla lui avoir légué le soin de reproduire son *Avare* perfectionné. L'auteur moderne se l'appropria en maître, changea quelques nuances du caractère, plusieurs circonstances de l'action, et mit en scène de nouveaux personnages. Cependant ce chef-d'œuvre n'eut pas d'abord un grand succès, par la prévention du public contre les comédies en cinq actes qui étaient en prose. Les premières représentations furent presque désertes ; mais Boileau, dont la seule présence dédommageait l'auteur de l'indifférence du public, s'y montrait fort assidu, et soutenait que la pièce était excellente. Le public finit par se ranger à son avis. *George Dandin*, qui suivit immédiatement *l'Avare*, fit partie d'une fête magnifique que Louis XIV donna à Versailles, pour la paix de 1668. Des censeurs trouvèrent, peut-être avec raison, de l'indécence dans le rôle d'Angélique.

Molière crut que le moment de faire lever les obstacles, qui, depuis cinq ans, s'opposaient à la représentation du *Tartuffe*, était enfin arrivé. La curiosité publique était vivement excitée : le plaisir de rire aux dépens des faux dévots, qui jusqu'alors avaient été protégés, entrait pour beaucoup dans cet empressement. L'affluence des spectateurs fut immense; quarante représentations de suite ne purent les satisfaire, et Molière, considéré comme le plus grand comique qui eût existé, dut être, pendant quelque temps, consolé de ses peines.

Un gentilhomme de Limoges, qui étalait beaucoup de ridicules sur le théâtre, et qui eut même une scène avec les gagistes, fournit à l'auteur l'idée de *Pourceaugnac*. Cette pièce fit partie d'une fête qui eut lieu à Chambord. Boileau, qui prenait le plus vif intérêt à la gloire de son ami, se plaignit qu'un si grand génie descendît à la farce. Molière composa, l'année suivante, pour une fête que Louis XIV donna à Saint-Germain, *les Amants magnifiques*, pièce de commande, qui n'était ni dans le goût, ni dans le talent de l'auteur. Aussi Molière ne voulut-il pas qu'elle fût jouée à Paris : on ne la représenta qu'après sa mort; elle n'eut pas de succès. *Le Bourgeois gentilhomme* fit l'ornement d'une fête qui eut lieu à Chambord, l'année suivante. Le succès en fut d'abord douteux à la cour : on trouvait mauvais que Molière eût présenté un seigneur et une marquise comme des fripons; mais le suffrage public que le roi donna, à quelques jours de là, à la pièce, devant sa cour, fit trouver la pièce excellente par tout le monde; ceux qui l'avaient le plus critiquée, en devinrent les partisans les plus enthousiastes. *Les Fourberies de Scapin* suivirent immédiatement *le Bourgeois gentilhomme*. Cette pièce fut très-applaudie; mais l'auteur ne fut pas épargné par ses ennemis : on lui reprocha surtout de ne faire aucun scrupule de prendre des scènes entières dans des auteurs modernes, tels que Rotrou et Cyrano. Ces scènes étaient bonnes, répondait-il; elles m'appartenaient de droit. On reprend son bien partout où on le trouve.

Boileau, toujours sévère avec son ami, ne goûta point *les Fourberies de Scapin*; il gémissait de voir un si grand génie perdre son temps à des pièces de ce genre, et l'engageait à terminer *les Femmes savantes*, qu'il mettait au rang du *Misanthrope*.

Il paraît que c'était seulement pour les pièces d'un comique peu relevé que Molière avait coutume de consulter sa servante; il exigeait aussi que ses camarades amenassent leurs enfants à ses lectures, afin de juger par leurs premiers mouvements s'il avait bien saisi la nature. Cette méthode, qui annonce la plus profonde connaissance du cœur humain, n'avait lieu que pour les comédies d'un ordre inférieur : de tels juges n'auraient pu sans doute apprécier *le Misanthrope* et *le Tartuffe*.

Pressé par une fête qui eut lieu au carnaval de 1671, Molière pria Corneille de l'aider à la composition de *Psyché.* L'auteur du *Cid* et des *Horaces*, âgé de soixante-ans, sembla rajeunir pour lutter de génie avec un homme dont il avait vu les premiers succès avec peine. Deux scènes charmantes, pleines de sentiment et de délicatesse, lui appartiennent. La comédie des *Femmes Savantes*, attendue avec une sorte d'effroi par toutes les femmes auxquelles on reprochait des prétentions à l'esprit, fut enfin représentée sans répondre entièrement à l'attente de l'auteur. L'accueil du public fut d'abord assez froid, mais plus cette comédie fut jouée, plus on en sentit les beautés. Quelque temps après la première représentation, Louis XIV demanda à Boileau quel était le plus grand écrivain qui eût honoré son règne? Molière, répondit Boileau sans balancer.

Je ne le croyais pas, poursuivit le roi; mais vous vous y connaissez mieux que moi. Ce mot fut à l'instant répété par les courtisans, qui, cette fois, furent les échos du monarque et de la nation. Molière mit, pour la première fois, un financier sur la scène dans *la Comtesse d'Escarbagnas*, pièce qu'il composa pour une fête de la cour, et dans laquelle il attaqua les prétentions des dames de province.

La santé de cet homme célèbre commençait à s'affaiblir; et le plus souvent qu'il le pouvait, il faisait des retraites dans sa maison d'Auteuil. Naturellement triste et porté à la mélancolie, il parlait peu, et ne s'abandonnait que lorsque la société lui plaisait. Son unique soin était d'observer les différents ridicules qu'il ne frondait jamais dans le monde. Entouré d'amis qui le consolaient de ses désagréments domestiques, il était respecté par eux; ils le prenaient souvent pour arbitre de leurs différends. Ami de l'ordre, il exigeait dans sa maison la régularité la plus parfaite : les heures des repas, du travail et des plaisirs étaient fixés; le moindre dérangement dans son appartement lui donnait de l'humeur, et le détournait même de ses occupations. Sa conduite avec ses camarades était celle d'un père, d'un ami, d'un protecteur. S'il exigeait une grande exactitude dans leurs devoirs, il savait la payer par des encouragements et des libéralités : il ne négligeait rien pour les faire valoir, soit en composant des rôles conformes à leurs talents, soit en leur donnant des conseils. Son caractère était doux, complaisant et généreux. Son portrait nous a été laissé par une actrice qui l'avait beaucoup connu. Il n'était, dit-elle, ni trop gras, ni trop maigre : il avait la taille plus grande que petite, le port noble, la jambe belle ; il marchait gravement, avait l'air très-sérieux, le nez gros, la bouche grande, les lèvres épaisses, le teint brun, les sourcils noirs et forts, et les divers mouvements qu'il leur donnait, lui rendaient la physionomie extrêmement comique. Accablé de la maladie qui devait le conduire au tombeau, tourmenté par une toux continuelle, il s'occupait *du Malade imaginaire*, dont il espérait beaucoup de succès. Son attente ne fut pas trompée : on rit plus que jamais aux dépens de la médecine et des médecins, et les connaisseurs admirèrent la profondeur du caractère de Béline.

A la quatrième représentation de cette pièce, en prononçant le mot *juro* dans la cérémonie, Molière fut pris d'un vomissement de sang qui porta l'effroi dans la salle, et qui fit cesser le spectacle. On le transporta chez lui où il mourut le soir même, entre les bras de deux sœurs de charité auxquelles il donnait asile. Ce fut le vendredi, 17 février 1673; il avait cinquante-trois ans. Madame Molière ayant appris que l'archevêque de Paris (Harlay) voulait refuser à son époux la sépulture ecclésiastique, s'écria : quoi ! l'on refuserait la sépulture à celui qui, dans la Grèce, eût mérité des autels ! Elle fit des démarches auprès de Louis XIV qui engagea l'archevêque à se désister de son opposition. Ce prélat permit qu'on enterrât Molière à Saint-Joseph, dans la rue Montmartre. Deux prêtres allèrent chercher son corps, mais la populace du quartier, soulevée par ses ennemis, s'arma de pierres, et voulut empêcher la cérémonie. Madame Molière parut devant cette multitude, lui jeta de l'argent, parvint à l'apaiser; et ces mêmes hommes qui avaient eu le dessin de troubler le convoi, se disposèrent à le suivre avec respect. L'enterrement eut lieu quatre jours après la mort de Molière ; ses amis, ceux qui avaient eu des rapports avec lui, au nombre de cent, le suivirent avec des flambeaux. Il ne laissa qu'une fille qui n'eut pas d'enfants. Sa veuve épousa dans la suite Guérin Destriché, comédien médiocre.

Il faut mettre au nombre des meilleurs ouvrages de Molière, Racine et Baron, qu'il donna à la scène française, le premier pour en être l'Euripide, et le second le Roscius. Boileau, Lafontaine et le père Bouhours firent des vers sur sa mort. Boileau lui rendit un hommage dans le quel il ne crut devoir mettre aucune restriction : ce fut en 1677, quatre ans après sa mort. Il est remarquable que dans l'Art poétique, qui ne parut complet qu'en 1674, Boileau s'exprime d'une manière beaucoup moins absolue.

> Avant qu'un peu de terre obtenu par prière,
> Pour jamais sous la tombe eût enfermé Molière,
> Mille de ses beaux traits, aujourd'hui si vantés,
> Furent des sots esprits à mes yeux rebutés ;
> L'ignorance et l'erreur à ses naissantes pièces,
> En habits de marquis, en robes de comtesses,
> Venaient pour diffamer son chef-d'œuvre nouveau,
> Et secouaient la tête à l'endroit le plus beau :
> Le commandeur voulait la scène plus exacte,
> Le vicomte indigné sortait au second acte ;
> L'un, défenseur zélé des bigots mis en jeu,
> Pour prix de ses bons mots, le condamnait au feu ;
> L'autre, fougueux marquis, lui déclarant la guerre,
> Voulait venger la cour immolée au parterre.
> Mais sitôt que d'un trait de ses fatales mains,
> La parque l'eut rayé du nombre des humains,
> On reconnut le prix de sa muse éclipsée :

L'aimable comédie avec lui terrassée,
En vain d'un coup si rude espéra revenir,
Et sur ses brodequins ne put plus se tenir.

On a reproché plus d'une fois à l'Académie Française de n'avoir pas admis Molière au nombre de ses membres ; mais plus tard elle paya aux manes de ce grand homme le juste tribut d'honneur qui pouvait dépendre d'elle. Elle proposa pour sujet du prix d'éloquence, l'éloge de ce rare génie, à la suite des Maurice, des D'Aguesseau, des Sully et des Descartes ; elle lui rendit un nouvel hommage plus éclatant encore en plaçant son buste dans la salle où sont les portraits des académiciens, avec cette belle inscription proposée par Saurin : Rien ne manque à sa gloire, il manquait à la nôtre.

Les comédiens avant le règne de Louis XIII, étaient très-peu considérés ; on ne les regardait que comme des baladins. Ils commencèrent à obtenir quelque estime lorsqu'ils jouèrent les bonnes pièces de Rotrou et les chefs-d'œuvre de Corneille. On peut juger de la dégradation où ils étaient par l'état de la troupe de Molière lorsqu'elle arriva à Paris. Mais le génie de cet homme extraordinaire le fit bientôt distinguer par Louis XIV, et il fut admis au service et aux conversations du roi ; et cet accueil qu'il méritait lui concilia tous les courtisans.

Molière est admiré sans qu'on apprécie toutes ses beautés. Plusieurs traits comiques nous échappent, parce que les ridicules qu'ils attaquent ont disparu. Molière, il est vrai, peint les hommes de tous les temps, et c'est là son plus beau titre de gloire; mais il les a entourés d'accessoires qui nous sont presque inconnus, et c'est de ces accessoires qu'il tire souvent ses idées les plus comiques. Les mémoires du temps, les ouvrages des moralistes, donnent quelques notions sur le ton de la société; mais, comme ce n'est pas ordinairement leur but principal, ces notions sont presque toujours incomplètes. Au temps où Molière composait ses pièces, les différents états étaient distingués par le langage et la manière de vivre, et ne se confondaient jamais : on n'avait pas un costume commun à toutes les classes, et la politesse n'était connue qu'à la cour. Les sciences se concentraient dans les cabinets de quelques savants, et la langue dont elles se servaient était inintelligible pour les profanes : la littérature se bornait de même à ceux qui faisaient profession de la cultiver. Les spectacles, quoique le prix en fût très-modique, n'étaient suivis que par les gens riches : les salles étaient en petit nombre, très-resserrées, et ne pouvaient contenir beaucoup de spectateurs : un magistrat, un médecin, n'auraient osé y paraître; et tel bourgeois aisé n'avait vu qu'une fois les comédiens de l'Hôtel-de-Bourgogne, ce qui lui fournissait un texte de conversation pour toute sa vie. La classe des marchands s'élevait immédiatement au-dessus de celle du bas peuple. Le commerce jouissant de peu de considération, cette classe vivait dans la plus profonde obscurité; elle ne se permettait aucune distraction, aucun plaisir : les jours de repos étaient employés à suivre les offices de la paroisse. Les mœurs étaient brutales, sans être débordées; les femmes étaient aimées et battues par leurs maris. La jalousie ne se cachait pas sous des couleurs décentes : le mot expressif était sans cesse dans la bouche des hommes, et l'on ne doit pas s'étonner que Molière l'ait souvent employé. Dans les rangs les plus élevés de la société, les valets étaient les confidents de leurs maîtres. Ces différents rapports devaient nécessairement introduire une grande familiarité entre les maîtres et les domestiques. Il ne faut donc pas s'étonner que Molière ait rendu, dans quelques-unes de ses comédies, les maîtres plus familiers avec leurs domestiques : s'il eût fait autrement, il n'aurait pas tracé un tableau fidèle des mœurs de son temps.

Ce sont ses successeurs qu'il faut blâmer, parce qu'ils ont employé ce ressort dans le dix-huitième siècle, où il ne devait plus être d'usage, et surtout parce qu'ils ont donné la même physionomie à leurs Frontins et à leurs Lisettes, tandis que les valets et les soubrettes de Molière ont tous des caractères différents.

Molière ne dédaignait pas quelquefois de faire des allusions aux évènements qui se passaient à la cour. Dans *les Amants magnifiques*, une princesse aime un simple gentilhomme, et son amour paraît calqué sur celui que Mademoiselle éprouva pour Lauzun, liaison qui la rendit si malheureuse. On sait que la princesse voulut épouser son amant, et se donner la gloire de faire d'un des plus pauvres gentilshommes de France un des plus riches princes de l'Europe. Louis XIV approuva et défendit cette union, en 1669; et *les Amants magnifiques* furent joués l'année suivante. Les dates sont curieuses : la comédie de Molière parut en septembre 1670, et Lauzun fut enfermé à Pignerol au mois de novembre suivant.

Quand Molière fait dire, dans *George Dandin*, de Bertrand de Sottenville, qu'il eut le crédit de vendre son bien pour aller à la Terre-Sainte, tout le monde fit l'application de ce trait au duc de

La Feuillade, qui conduisit dans l'île de Candie, à ses dépens, une douzaine de gentilshommes pour combattre les Turcs.

La plaisanterie de Molière sur le Bourgeois Gentilhomme, qui *faisait de la prose sans le savoir*, lui avait été fournie par un prince aussi peu instruit que M. Jourdain. « Comment donc, ma fille, écrit madame de Sévigné à madame de Grignan, j'ai fait un roman sans y penser? J'en suis aussi étonnée que M. le comte de Soissons, quand on lui découvrit qu'*il faisait de la prose.* »

Un chapelier, appelé Gaudoin, passe pour avoir été le modèle du principal personnage de cette comédie; il dépensa plus de cinquante mille écus avec des gentilshommes qui, ainsi que Dorante, profitaient de sa manie, et le traitaient comme leur égal. Une prétendue grande dame reçut ses hommages, comme Dorimène, et il lui acheta une superbe maison à Meudon. Sa famille, ne pouvant arrêter ses désordres, obtint enfin qu'il fût enfermé à Charenton avec les fous.

Les mémoires du temps donnent lieu de croire que Molière a eu en vue en peignant le maître de philosophie de M. Jourdain, un pédant fameux nommé Riche-Source. Cet homme avait ouvert un cours d'éloquence et de philosophie, dans une chambre qu'il occupait à la place Dauphine; il se faisait modestement appeler *modérateur de l'académie des philosophes orateurs*. Rien ne pourrait exprimer jusqu'à quel point son cours était bizarre ; cependant il était fort suivi. Fléchier fut un de ses élèves, et pour lui témoigner sa reconnaissance, il composa à sa louange un madrigal que Riche-Source fit imprimer en tête de ses ouvrages. Quelques biographes se fondant sur ce que la définition de la physique dans le Bourgeois Gentilhomme est absolument la même que celle que Rohaut donne dans la table de la troisième partie de la physique, avaient pensé que cet estimable savant était le maître de philosophie, oubliant sans doute que Rohaut était l'ami de Molière, et qu'il ne publia la physique qu'un an après la représentation du *Bourgeois Gentilhomme*. Il est plus probable que Molière, ayant besoin d'une définition de la physique, la demanda à son ami, sans avoir l'intention de le tourner en ridicule.

Molière corrigea les médecins, ainsi que les précieuses et les femmes beaux esprits ; ce ridicule était parfaitement du ressort de la comédie. Il leur fit abandonner le jargon scientifique et les fausses théories ; ils les rendit plus modestes, et parconséquent plus véritablement savants.

La comédie des *Précieuses Ridicules* réussit au-delà de ses espérances : suivant un auteur contemporain, elle passa pour l'ouvrage *le plus charmant et le plus délicat* qui eût jamais paru sur le théâtre : on vint à Paris de vingt lieues à la ronde pour la voir. Ses ennemis mêmes furent contraints de la louer, dans la crainte de paraître ridicules. L'affluence des spectateurs fut telle, que les comédiens, dès la seconde représentation, firent payer le double du prix ordinaire. Ce fut à cette seconde représentation, qu'un vieillard, ne pouvant résister à son admiration, s'écria, du fond du parterre, avec un accent prophétique : courage, courage, Molière ! voilà la bonne comédie. Ce qui n'empêcha pas un certain Somaise de composer contre Molière, et contre sa pièce, une comédie intitulée *les Véritables Précieuses* : insulte plate et grossière.

Molière, s'élevant contre plusieurs vices, a couvert de ridicule un grand nombre de travers. Mais il n'en est pas qu'il ait détruit aussi complètement que ceux qu'on reprochait à la société de l'hôtel de Rambouillet. Qu'on se figure que les gens les plus éclairés de la cour se faisaient honneur d'être de cette société ; qu'à Paris et dans les provinces on ne croyait avoir le bon ton que si l'on parvenait à l'imiter ; que le célèbre Montausier avait épousé mademoiselle de Rambouillet ; que Bossuet et Fléchier avaient fait leurs premiers essais dans cette maison ; et l'on comprendra quel ascendant Molière avait su prendre sur son siècle, puisqu'il parvint à frapper de ridicule ce qu'on admirait depuis tant d'années. Cette société, qui avait commencé sous le ministère du cardinal de Richelieu, avait été le modèle de toutes celles qui s'étaient formées dans les premières années du règne de Louis XIV. Le même ton régnait partout. Molière, en entrant dans la carrière, chercha à la changer, et la révolution fut faite en très-peu d'années. Jusque-là les femmes qui aspiraient au bon ton, prirent le nom de *précieuses*. On les respecta long-temps ; Molière même, lorsqu'il fit la comédie de ce nom, assura qu'il n'avait voulu mettre sur la scène que les fausses précieuses. Pour donner une idée du sens qu'on attachait à ce mot, il suffira de rappeler que, dans un dictionnaire des précieuses, madame de Sévigné était citée avec éloge. L'auteur des Précieuses avait été lui-même admis à l'hôtel Rambouillet, et put à loisir y étudier les ridicules qu'il a si bien peints. Il n'attaqua d'une manière directe que deux personnages d'un mérite bien différent, Cotin et Ménage.

3.

Cotin avait fait un sonnet sur la fièvre de madame de Nemours, le même qu'on voit dans *les Femmes Savantes*. Enchanté de cette production, il courut la lire chez *Mademoiselle* : cette princesse avait la plus grande considération pour Cotin, et lui faisait même l'honneur de l'appeler son ami. Au moment où Mademoiselle entendait une seconde lecture du sonnet, Ménage entra, et la princesse le lui fit lire sans nommer l'auteur. Ménage trouva les vers détestables ; l'abbé Cotin se fâcha, et ils eurent une dispute dans laquelle ils se dirent leurs vérités à peu près de la même manière que Trissotin et Vadius dans *les Femmes Savantes*. Boileau instruisit Molière de cette aventure, et voilà l'origine d'une des scènes les plus piquantes de ce grand poète. Il joua non-seulement le ridicule du faux bel esprit, mais les personnes mêmes. Ménage eut le bon esprit de ne pas se reconnaître dans Vadius : il se contenta d'un désaveu que Molière lui fit avec plaisir. Une des dames qui avaient succédé à la marquise de Rambouillet, voulut assister à la première représentation des *Femmes Savantes*. Ménage alla la voir le lendemain ; quoi ! monsieur, lui dit-elle, vous souffrirez que cet impertinent de Molière vous joue de la sorte ! — Madame, répondit Ménage, j'ai vu la pièce; elle est parfaitement belle; on n'y peut trouver à redire, ni à critiquer.

Sganarelle, quoique inférieur aux Précieuses, n'eut pas moins de succès. Cette comédie fut représentée quarante fois de suite.

Le modèle du courtisan aimable se trouve dans le rôle de Clitandre des *Femmes Savantes*. Quelle délicatesse dans sa conduite et dans ses amours! quelle finesse dans ses reparties! quel contraste heureux avec les personnages de Trissotin, Vadius, Philaminte, Bélise et Armande!

Dans le *Misanthrope*, Molière peignit deux marquis dont les portraits nous semblent aujourd'hui exagérés, quoique alors ils fussent très-vrais. Les marquis furent mis sur le théâtre, pour la première fois, par Quinault, dans la *Mère Coquette*; mais on lui reprocha d'avoir outré les ridicules. Molière les peignit tels qu'ils étaient; la coquette et la prude du Misanthrope forment un contraste des plus savants et des plus naturels; elles montrent dans toute leur vérité les deux excès opposés où tombaient alors la plupart des femmes; et la douce Éliante, gardant un juste milieu entre ces excès, offre la seule femme aimable et digne d'être aimée.

Les ennemis de Molière voulurent persuader

au duc de Montausier que le poète avait cherché à le peindre dans le personnage du Misanthrope ; mais le duc leur ferma la bouche, en répondant avec dignité qu'il aurait desiré de ressembler au Misanthrope.

Molière nous a laissé, dans le *Tartuffe*, un tableau aussi vrai que frappant des maux que peut causer un hypocrite dans une famille qui l'a recueilli. Labruyère, presque aussi grand peintre, a tracé aussi le portrait d'un faux dévot; et, ce qui paraîtra singulier, il attaque indirectement quelques combinaisons de l'auteur du *Tartuffe*. Le moraliste donne plus de finesse à son hypocrite ; il réussira mieux à tromper les hommes exercés. Mais Labruyère n'a pas observé que ce qui convient dans un livre de morale, peut ne pas convenir au théâtre, où il faut que les personnages soient placés conformément à la perspective, où les spectateurs sont nombreux, et souvent inattentifs; il est nécessaire de ne leur laisser presque rien à deviner, et de mettre les combinaisons des caractères à la portée de tous les esprits. Si l'on croit les Mémoires de l'abbé de Choisy, un certain abbé de la Roquette, attaché au prince de Conti, fut le modèle du Tartuffe. C'était un lâche flatteur qui s'était emparé de l'esprit du prince, et qui abusait de sa facilité. Choisy ajoute que Guilleragues, secrétaire du cabinet, auquel Boileau adressa sa cinquième satire, donna à Molière des mémoires sur l'abbé de la Roquette, et que ce furent les premiers matériaux de la comédie du *Faux Dévot*. Quelque soin que Molière eût pris de caractériser son hypocrite, il y eut des personnes qui trouvèrent l'ouvrage dangereux, et le père Bourdaloue fit un sermon où se trouve une tirade contre cette pièce; mais ce grand orateur eut la franchise d'avouer que le caractère dont il condamnait la mise en scène, pouvait n'être pas imaginaire; il le prouva dans la suite de son discours en faisant un tableau de l'hypocrite qui a plus d'un rapport avec le Tartuffe.

C'est à Molière qu'on doit la distinction des sujets propres à être mis en vers, et de ceux où la prose doit être préférée. Dans les comédies, comme le *Tartuffe* et le *Misanthrope*, où le caractère se développe principalement par des paroles, nul doute que la poésie ne doive être employée pour donner plus d'éclat et de précision aux détails; dans les pièces, au contraire, comme l'*Avare* et le *Bourgeois Gentilhomme*, où le caractère s'annonce le plus fréquemment par des actions, il paraît que la prose convient mieux;

ces deux comédies offrent en effet une multitude de choses charmantes que les vers ne pourraient rendre.

Molière, malgré tout son génie, ne peut être proposé pour un modèle de style; ses fréquentes incorrections doivent être attribuées à deux causes. L'obligation de multiplier les nouveautés le forçait à travailler rapidement, et l'empêchait de soigner sa diction. Il avait en outre le desir de faire parler les personnages comme ils se seraient exprimés eux-mêmes dans les circonstances où il les plaçait; et cette intention, qui tenait à son génie, le porte à employer souvent des tournures très-conformes au caractère des personnages, mais contraires au bon usage et aux règles de la langue.

D'après cette énumération bien sommaire des pièces qui composent le théâtre de Molière, on peut apprécier le talent de ce grand peintre de la société, et juger de l'influence qu'il parvint à obtenir sur ses contemporains. La société et la littérature lui durent des réformes fondées sur la raison la plus éclairée, et sur le sentiment le plus exquis des convenances. Aucune classe n'échappa à ses observations; toutes contribuèrent à ses peintures, aussi piquantes que variées. En présentant les ridicules communs aux hommes de tous les temps, il attaqua plusieurs vices; et s'il ne put corriger ces derniers, c'est qu'ils ne sont pas du ressort de la comédie, et qu'il est tout au plus possible de les faire changer de forme. Enfin, depuis les travers grossiers du peuple jusqu'aux prétentions de la haute société, tout ce qui choquait la raison, la nature et la bienséance, fournit matière à ses vastes conceptions. Jamais Aristophane, Plaute et Térence, quoique ayant vécu à des époques où la liberté d'écrire pouvait dégénérer en licence, n'ont acquis un semblable ascendant, et n'ont sondé aussi profondément tous les replis du cœur humain. Plus on étudie Molière, plus on partage l'opinion de Boileau, qui le présentait à Louis XIV comme le plus grand génie de son siècle.

L'ÉTOURDI,

ou

LES CONTRE-TEMPS,

COMÉDIE

EN CINQ ACTES ET EN VERS,

Représentée à Lyon en 1653; puis à Béziers, aux États de Languedoc, enfin à Paris, dans la salle du Petit-Bourbon, le 3 décembre 1658.

PERSONNAGES.

PANDOLFE, père de Lélie.
ANSELME, père d'Hippolyte.
TRUFALDIN, vieillard.
CÉLIE, esclave de Trufaldin.
HIPPOLYTE, fille d'Anselme.
LÉLIE, fils de Pandolfe.
LÉANDRE, fils de famille.
ANDRÈS, cru Égyptien.
MASCARILLE, valet de Lélie.
ERGASTE, ami de Mascarille.
UN COURRIER.
Deux troupes de masques.

La scène est à Messine, dans une place publique.

L'ÉTOURDI,

OU

LES CONTRE-TEMPS.

ACTE PREMIER.

SCÈNE I.

LÉLIE.

HÉ BIEN ! Léandre, hé bien ! il faudra contester ;
Nous verrons de nous deux qui pourra l'emporter ;
Qui, dans nos soins communs pour ce jeune miracle,
Aux vœux de son rival portera plus d'obstacle.
Préparez vos efforts, et vous défendez bien,
Sûr que de mon côté je n'épargnerai rien.

SCÈNE II.

LÉLIE, MASCARILLE.

LÉLIE.

Ah ! Mascarille !

MASCARILLE.

Quoi ?

LÉLIE.
Voici bien des affaires.
J'ai dans ma passion toutes choses contraires :
Léandre aime Célie, et, par un trait fatal,
Malgré mon changement est encor mon rival.

MASCARILLE.
Léandre aime Célie !

LÉLIE.
Il l'adore, te dis-je.

MASCARILLE.
Tant pis.

LÉLIE.
Hé ! oui, tant pis ; c'est là ce qui m'afflige.
Toutefois j'aurois tort de me désespérer ;
Puisque j'ai ton secours, je dois me rassurer.
Je sais que ton esprit, en intrigue fertile,
N'a jamais rien trouvé qui lui fût difficile ;
Qu'on te peut appeler le roi des serviteurs ;
Et qu'en toute la terre...

MASCARILLE.
Hé ! trève de douceurs.
Quand nous faisons besoin, nous autres misérables,
Nous sommes les chéris et les incomparables ;
Et dans un autre temps, dès le moindre courroux,
Nous sommes les coquins qu'il faut rouer de coups.

LÉLIE.
Ma foi, tu me fais tort avec cette invective.
Mais enfin discourons de l'aimable captive :
Dis si les plus cruels et plus durs sentiments
Ont rien d'impénétrable à des traits si charmants.

ACTE I, SCÈNE II.

Pour moi, dans ses discours, comme dans son visage,
Je vois pour sa naissance un noble témoignage;
Et je crois que le ciel dedans un rang si bas
Cache son origine, et ne l'en tire pas.

MASCARILLE.

Vous êtes romanesque avecque vos chimères.
Mais que fera Pandolfe en toutes ces affaires?
C'est, monsieur, votre père, au moins à ce qu'il dit:
Vous savez que sa bile assez souvent s'aigrit,
Qu'il peste contre vous d'une belle manière,
Quand vos déportements lui blessent la visière.
Il est avec Anselme en parole pour vous
Que de son Hippolyte on vous fera l'époux,
S'imaginant que c'est dans le seul mariage
Qu'il pourra rencontrer de quoi vous faire sage;
Et s'il vient à savoir que, rebutant son choix,
D'un objet inconnu vous recevez les lois,
Que de ce fol amour la fatale puissance
Vous soustrait au devoir de votre obéissance,
Dieu sait quelle tempête alors éclatera,
Et de quels beaux sermons on vous régalera.

LÉLIE.

Ah! trêve, je vous prie, à votre rhétorique.

MASCARILLE.

Mais vous, trêve plutôt à votre politique:
Elle n'est pas fort bonne; et vous devriez tâcher...

LÉLIE.

Sais-tu qu'on n'acquiert rien de bon à me fâcher,
Que chez moi les avis ont de tristes salaires,
Qu'un valet conseiller y fait mal ses affaires?

MASCARILLE.

(A part.)   (Haut.)

Il se met en courroux. Tout ce que j'en ai dit
N'étoit rien que pour rire et vous sonder l'esprit.
D'un censeur de plaisirs ai-je fort l'encolure?
Et Mascarille est-il ennemi de nature?
Vous savez le contraire, et qu'il est très-certain
Qu'on ne peut me taxer que d'être trop humain.
Moquez-vous des sermons d'un vieux barbon de père;
Poussez votre bidet, vous dis-je, et laissez faire.
Ma foi! j'en suis d'avis, que ces penards chagrins
Nous viennent étourdir de leurs contes badins,
Et, vertueux par force, espèrent par envie
Oter aux jeunes gens les plaisirs de la vie!
Vous savez mon talent, je m'offre à vous servir.

LÉLIE.

Ah! c'est par ces discours que tu peux me ravir.
Au reste, mon amour, quand je l'ai fait paroître,
N'a point été mal vu des yeux qui l'ont fait naître.
Mais Léandre, à l'instant, vient de me déclarer
Qu'à me ravir Célie il se va préparer:
C'est pourquoi dépêchons; et cherche dans ta tête
Les moyens les plus prompts d'en faire ma conquête.
Trouve ruses, détours, fourbes, inventions,
Pour fruster mon rival de ses prétentions.

MASCARILLE.

Laissez-moi quelque temps rêver à cette affaire.

(A part.)

Que pourrois-je inventer pour ce coup nécessaire?

LÉLIE.

Hé bien! le stratagème?

ACTE I, SCÈNE II.

MASCARILLE.

Ah! comme vous courez!
Ma cervelle toujours marche à pas mesurés.
J'ai trouvé votre fait: il faut... Non, je m'abuse.
Mais si vous alliez...

LÉLIE.

Où?

MASCARILLE.

C'est une foible ruse.
J'en songeois une...

LÉLIE.

Et quelle?

MASCARILLE.

Elle n'iroit pas bien.
Mais ne pourriez-vous pas...?

LÉLIE.

Quoi?

MASCARILLE.

Vous ne pourriez rien.
Parlez avec Anselme.

LÉLIE.

Et que lui puis-je dire?

MASCARILLE.

Il est vrai, c'est tomber d'un mal dedans un pire.
Il faut pourtant l'avoir. Allez chez Trufaldin.

LÉLIE.

Que faire?

MASCARILLE.

Je ne sais.

LÉLIE.

C'en est trop à la fin,

Et tu me mets à bout par ces contes frivoles.

MASCARILLE.

Monsieur, si vous aviez en main force pistoles,
Nous n'aurions pas besoin maintenant de rêver
A chercher les biais que nous devons trouver,
Et pourrions, par un prompt achat de cette esclave,
Empêcher qu'un rival nous prévienne et vous brave.
De ces Égyptiens qui la mirent ici,
Trufaldin, qui la garde, est en quelque souci;
Et trouvant son argent qu'ils lui font trop attendre,
Je sais bien qu'il seroit très-ravi de la vendre :
Car enfin en vrai ladre il a toujours vécu;
Il se feroit fesser pour moins qu'un quart d'écu;
Et l'argent est le dieu que surtout il révère.
Mais le mal, c'est...

LÉLIE.

Quoi ? c'est...

MASCARILLE.

Que monsieur votre père
Est un autre vilain qui ne vous laisse pas,
Comme vous voudriez bien, manier ses ducats;
Qu'il n'est point de ressort qui pour votre ressource,
Pût faire maintenant ouvrir la moindre bourse.
Mais tâchons de parler à Célie un moment;
Pour savoir là-dessus quel est son sentiment:
Sa fenêtre est ici.

LÉLIE.

Mais Trufaldin, pour elle,
Fait de jour et de nuit exacte sentinelle.
Prends garde.

MASCARILLE.
Dans ce coin demeurez en repos.
O bonheur! la voilà qui sort tout à propos.

SCÈNE III.

CÉLIE, LÉLIE, MASCARILLE.

LÉLIE.

Ah! que le ciel m'oblige, en offrant à ma vue
Les célestes attraits dont vous êtes pourvue!
Et, quelque mal cuisant que m'aient causé vos yeux,
Que je prends de plaisir à les voir en ces lieux!

CÉLIE.

Mon cœur, qu'avec raison votre discours étonne,
N'entend pas que mes yeux fassent mal à personne;
Et si dans quelque chose ils vous ont outragé,
Je puis vous assurer que c'est sans mon congé.

LÉLIE.

Ah! leurs coups sont trop beaux pour me faire une injure.
Je mets toute ma gloire à chérir leur blessure,
Et...

MASCARILLE.

Vous le prenez là d'un ton un peu trop haut.
Ce style maintenant n'est pas ce qu'il nous faut.
Profitons mieux du temps, et sachons vite d'elle
Ce que...

TRUFALDIN, dans la maison.

Célie!

MASCARILLE, à Lélie.

Hé bien?

LÉLIE.

O rencontre cruelle !
Ce malheureux vieillard devoit-il nous troubler ?

MASCARILLE.

Allez, retirez-vous; je saurai lui parler.

SCÈNE IV.

TRUFALDIN, CÉLIE; LÉLIE, retiré dans un coin.
MASCARILLE.

TRUFALDIN, à Célie.

Que faites-vous dehors? et quel soin vous talonne,
Vous à qui je défends de parler à personne ?

CÉLIE.

Autrefois j'ai connu cet honnête garçon,
Et vous n'avez pas lieu d'en prendre aucun soupçon.

MASCARILLE.

Est-ce là le seigneur Trufaldin ?

CÉLIE.

Oui, lui-même.

MASCARILLE.

Monsieur, je suis tout vôtre; et ma joie est extrême
De pouvoir saluer en toute humilité
Un homme dont le nom est partout si vanté.

TRUFALDIN.

Très-humble serviteur.

MASCARILLE.

J'incommode peut-être;

ACTE I, SCÈNE IV.

Mais je l'ai vue ailleurs, où m'ayant fait connoître
Les grands talents qu'elle a pour savoir l'avenir,
Je voulois sur ce point un peu l'entretenir.

TRUFALDIN.
Quoi ! te mêlerois-tu d'un peu de diablerie ?

CÉLIE.
Non, tout ce que je sais n'est que blanche magie.

MASCARILLE.
Voici donc ce que c'est. Le maître que je sers
Languit pour un objet qui le tient dans ses fers.
Il auroit bien voulu du feu qui le dévore
Pouvoir entretenir la beauté qu'il adore :
Mais un dragon, veillant sur ce rare trésor,
N'a pu, quoi qu'il ait fait, le lui permettre encor;
Et, ce qui plus le gêne et le rend misérable,
Il vient de découvrir un rival redoutable :
Si bien que, pour savoir si ses soins amoureux
Ont sujet d'espérer quelque succès heureux,
Je viens vous consulter, sûr que de votre bouche
Je puis apprendre au vrai le secret qui nous touche.

CÉLIE.
Sous quel astre ton maître a-t-il reçu le jour?

MASCARILLE.
Sous un astre à jamais ne changer son amour.

CÉLIE.
Sans me nommer l'objet pour qui son cœur soupire,
La science que j'ai m'en peut assez instruire.
Cette fille a du cœur, et dans l'adversité
Elle sait conserver une noble fierté :
Elle n'est pas d'humeur à trop faire connoître

Les secrets sentimens qu'en son cœur on fait naître ;
Mais je les sais comme elle, et, d'un esprit plus doux,
Je vais en peu de mots te les découvrir tous.

MASCARILLE.

O merveilleux pouvoir de la vertu magique!

CÉLIE.

Si ton maître en ce point de constance se pique,
Et que la vertu seule anime son dessein,
Qu'il n'appréhende plus de soupirer en vain :
Il a lieu d'espérer ; et le fort qu'il veut prendre
N'est pas sourd aux traités, et voudra bien se rendre.

MASCARILLE.

C'est beaucoup ; mais ce fort dépend d'un gouverneur
Difficile à gagner.

CÉLIE.

C'est là tout le malheur.

MASCARILLE, à part, regardant Lélie.

Au diable le fâcheux qui toujours nous éclaire!

CÉLIE.

Je vais vous enseigner ce que vous devez faire.

LÉLIE, les joignant.

Cessez, o Trufaldin, de vous inquiéter ;
C'est par mon ordre seul qu'il vous vient visiter ;
Et je vous l'envoyois, ce serviteur fidèle,
Vous offrir mon service, et vous parler pour elle,
Dont je vous veux dans peu payer la liberté,
Pourvu qu'entre nous deux le prix soit arrêté.

MASCARILLE, à part.

La peste soit la bête!

TRUFALDIN.

Ho! ho! qui des deux croire?

Ce discours au premier est fort contradictoire.
MASCARILLE.
Monsieur, ce galant homme a le cerveau blessé;
Ne le savez-vous pas?
TRUFALDIN.
Je sais ce que je sai.
J'ai crainte ici dessous de quelque manigance.
(A Célie.)
Rentrez, et ne prenez jamais cette licence.
Et vous, filous fieffés, ou je me trompe fort,
Mettez, pour me jouer, vos flûtes mieux d'accord.

SCÈNE V.

LÉLIE, MASCARILLE.

MASCARILLE.
C'est bien fait. Je voudrois qu'encor, sans flatterie,
Il nous eût d'un bâton chargés de compagnie.
A quoi bon se montrer, et, comme un étourdi,
Me venir démentir de tout ce que je di?
LÉLIE.
Je pensois faire bien.
MASCARILLE.
Oui, c'étoit fort l'entendre.
Mais quoi! cette action ne me doit point surprendre;
Vous êtes si fertile en pareils contre-temps,
Que vos écarts d'esprit n'étonnent plus les gens.
LÉLIE.
Ah mon dieu! pour un rien me voilà bien coupable!

Le mal est-il si grand, qu'il soit irréparable?
Enfin, si tu ne mets Célie entre mes mains,
Songe au moins de Léandre à rompre les desseins;
Qu'il ne puisse acheter avant moi cette belle.
De peur que ma présence encor soit criminelle,
Je te laisse.

MASCARILLE, seul.

Fort bien. A dire vrai, l'argent
Seroit dans notre affaire un sûr et fort agent:
Mais ce ressort manquant, il faut user d'un autre.

SCÈNE VI.

ANSELME, MASCARILLE.

ANSELME.

Par mon chef, c'est un siècle étrange que le nôtre!
J'en suis confus. Jamais tant d'amour pour le bien,
Et jamais tant de peine à retirer le sien.
Les dettes aujourd'hui, quelque soin qu'on emploie,
Sont comme les enfants, que l'on conçoit en joie,
Et dont avecque peine on fait l'accouchement.
L'argent dans notre bourse entre agréablement;
Mais le terme venu que nous devons le rendre,
C'est lors que les douleurs commencent à nous prendre.
Baste, ce n'est pas peu que deux mille francs, dus
Depuis deux ans entiers, me soient enfin rendus;
Encore est-ce un bonheur.

MASCARILLE, à part les quatre premiers vers.

O Dieu! la belle proie

ACTE I, SCÈNE VI.

A tirer en volant! Chut, il faut que je voie
Si je pourrois un peu de près le caresser :
Je sais bien les discours dont il le faut bercer.
Je viens de voir, Anselme...

ANSELME.
Et qui?

MASCARILLE.
Votre Nérine.

ANSELME.
Que dit-elle de moi, cette gente assassine?

MASCARILLE.
Pour vous elle est de flamme...

ANSELME.
Elle?

MASCARILLE.
Et vous aime tant,
Que c'est grande pitié.

ANSELME.
Que tu me rends content!

MASCARILLE.
Peu s'en faut que d'amour la pauvrette ne meure.
Anselme, mon mignon, crie-t-elle à toute heure,
Quand est-ce que l'hymen unira nos deux cœurs,
Et que tu daigneras éteindre mes ardeurs?

ANSELME.
Mais pourquoi jusqu'ici me les avoir celées?
Les filles, par ma foi, sont bien dissimulées!
Mascarille, en effet, qu'en dis-tu? quoique vieux,
J'ai de la mine encore assez pour plaire aux yeux.

MASCARILLE.
Oui, vraiment, ce visage est encor fort mettable;

S'il n'est pas des plus beaux, il est des-agréable.
ANSELME.
Si bien donc...?

MASCARILLE *veut prendre la bourse.*
Si bien donc qu'elle est sotte de vous,
Ne vous regarde plus...
ANSELME.
Quoi?
MASCARILLE.
Que comme un époux;
Et vous veut...
ANSELME.
Et me veut...?
MASCARILLE.
Et vous veut, quoi qu'il tienne,
Prendre la bourse...
ANSELME.
La....?

MASCARILLE *prend la bourse et la laisse tomber.*
La bouche avec la sienne.
ANSELME.
Ah! je t'entends. Viens çà: lorsque tu la verras,
Vante-lui mon mérite autant que tu pourras.
MASCARILLE.
Laissez-moi faire.
ANSELME.
Adieu.
MASCARILLE.
Que le ciel vous conduise!

ANSELME, *revenant.*
Ah! vraiment, je faisois une étrange sottise,

ACTE I, SCÈNE VI.

Et tu pouvois pour toi m'accuser de froideur :
Je t'engage à servir mon amoureuse ardeur,
Je reçois par ta bouche une bonne nouvelle,
Sans du moindre présent récompenser ton zèle !
Tiens, tu te souviendras.

MASCARILLE.

Ah ! non pas, s'il vous plaît.

ANSELME.

Laisse-moi...

MASCARILLE.

Point du tout. J'agis sans intérêt.

ANSELME.

Je le sais, mais pourtant....

MASCARILLE.

Non, Anselme, vous dis-je.
Je suis homme d'honneur; cela me désoblige.

ANSELME.

Adieu donc, Mascarille.

MASCARILLE, à part.

O longs discours!

ANSELME, revenant.

Je veux
Régaler par tes mains cet objet de mes vœux ;
Et je vais te donner de quoi faire pour elle
L'achat de quelque bague, ou telle bagatelle
Que tu trouveras bon.

MASCARILLE.

Non, laissez votre argent :
Sans vous mettre en souci, je ferai le présent ;
Et l'on m'a mis en main une bague à la mode,

Qu'après vous paierez, si cela l'accommode.
ANSELME.
Soit; donne-la pour moi : mais surtout fais si bien,
Qu'elle garde toujours l'ardeur de me voir sien.

SCÈNE VII.

LÉLIE, ANSELME, MASCARILLE.

LÉLIE, ramassant la bourse.
A qui la bourse?
ANSELME.
Ah dieux! elle m'étoit tombée,
Et j'aurois après cru qu'on me l'eût dérobée!
Je vous suis bien tenu de ce soin obligeant
Qui m'épargne un grand trouble et me rend mon argent :
Je vais m'en décharger au logis tout à l'heure.

SCÈNE VIII.

LÉLIE, MASCARILLE.

MASCARILLE.
C'est être officieux, et très-fort, ou je meure.
LÉLIE.
Ma foi, sans moi, l'argent étoit perdu pour lui.
MASCARILLE.
Certes, vous faites rage, et payez aujourd'hui
D'un jugement très-rare et d'un bonheur extrême :
Nous avancerons fort, continuez de même.

ACTE I, SCÈNE VIII.

LÉLIE.

Qu'est-ce donc ? Qu'ai-je fait ?

MASCARILLE.

Le sot en bon françois,
Puisque je puis le dire, et qu'enfin je le dois.
Il sait bien l'impuissance où son père le laisse ;
Qu'un rival, qu'il doit craindre, étrangement nous presse ;
Cependant, quand je tente un coup pour l'obliger,
Dont je cours moi tout seul la honte et le danger...

LÉLIE.

Quoi ! c'étoit... ?

MASCARILLE.

Oui, bourreau, c'étoit pour la captive
Que j'attrapois l'argent dont votre soin nous prive.

LÉLIE.

S'il est ainsi, j'ai tort. Mais qui l'eût deviné ?

MASCARILLE.

Il falloit en effet être bien raffiné !

LÉLIE.

Tu me devois par signe avertir de l'affaire.

MASCARILLE.

Oui, je devois au dos avoir mon luminaire.
Au nom de Jupiter, laissez-nous en repos,
Et ne nous chantez plus d'impertinents propos.
Un autre après cela quitteroit tout peut-être ;
Mais j'avois médité tantôt un coup de maître,
Dont tout présentement je veux voir les effets,
A la charge que si...

LÉLIE.

Non, je te le promets,

De ne me mêler plus de rien dire ou rien faire.
MASCARILLE.
Allez donc : votre vue excite ma colère.
LÉLIE.
Mais surtout hâte-toi, de peur qu'en ce dessein...
MASCARILLE.
Allez, encore un coup ; j'y vais mettre la main.
(Lélie sort.)
Menons bien ce projet : la fourbe sera fine,
S'il faut qu'elle succède ainsi que j'imagine.
Allons voir.... Bon ! voici mon homme justement.

SCÈNE IX.

PANDOLFE, MASCARILLE.

PANDOLFE.
Mascarille !
MASCARILLE.
Monsieur.
PANDOLFE.
A parler franchement,
Je suis mal satisfait de mon fils.
MASCARILLE.
De mon maître !
Vous n'êtes pas le seul qui se plaigne de l'être :
Sa mauvaise conduite, insupportable en tout,
Met à chaque moment ma patience à bout.
PANDOLFE.
Je vous croyois pourtant assez d'intelligence
Ensemble.

ACTE I, SCÈNE IX.

MASCARILLE.

Moi? Monsieur, perdez cette croyance:
Toujours de son devoir je tâche à l'avertir,
Et l'on nous voit sans cesse avoir maille à partir, ¹
A l'heure même encor nous avons eu querelle
Sur l'hymen d'Hippolyte, où je le vois rebelle,
Où, par l'indignité d'un refus criminel,
Je le vois offenser le respect paternel.

PANDOLFE.

Querelle?

MASCARILLE.

Oui, querelle, et bien avant poussée.

PANDOLFE.

Je me trompois donc bien, car j'avois la pensée
Qu'à tout ce qu'il faisoit tu donnois de l'appui.

MASCARILLE.

Moi? Voyez ce que c'est que du monde aujourd'hui,
Et comme l'innocence est toujours opprimée.
Si mon intégrité vous étoit confirmée,
Je suis auprès de lui gagé pour serviteur,
Vous me voudriez ² encor payer pour précepteur :

---

1 *Maille à partir.* La *maille* était une petite pièce de monnaie carrée de la valeur d'un demi-denier. *Partir*, vieux mot qui signifiait *partager*. De là l'expression proverbiale *avoir maille à partir avec quelqu'un*, pour *être en discussion avec lui*.

2 A cette époque où les règles de la versification n'étaient pas bien fixées, plusieurs mots, tels que *voudriez, devriez, meurtrier*, étaient de deux ou trois syllabes, selon qu'il convenait au poète. Molière, dans ses premières pièces en vers, se permit beaucoup d'autres licences.

Oui, vous ne pourriez pas lui dire davantage
Que ce que je lui dis pour le faire être sage.
Monsieur, au nom de Dieu, lui fais-je assez souvent,
Cessez de vous laisser conduire au premier vent :
Réglez-vous : regardez l'honnête homme de père
Que vous avez du ciel, comme on le considère ;
Cessez de lui vouloir donner la mort au cœur,
Et, comme lui, vivez en personne d'honneur.

PANDOLFE.

C'est parler comme il faut. Et que peut-il répondre ?

MASCARILLE.

Répondre ? des chansons dont il me vient confondre.
Ce n'est pas qu'en effet, dans le fond de son cœur,
Il ne tienne de vous des semences d'honneur;
Mais sa raison n'est pas maintenant sa maîtresse.
Si je pouvois parler avecque hardiesse,
Vous le verriez dans peu soumis sans nul effort.

PANDOLFE.

Parle.

MASCARILLE.

C'est un secret qui m'importeroit fort
S'il étoit découvert : mais à votre prudence
Je puis le confier avec toute assurance.

PANDOLFE.

Tu dis bien.

MASCARILLE.

Sachez donc que vos vœux sont trahis
Par l'amour qu'une esclave imprime à votre fils.

PANDOLFE.

On m'en avoit parlé; mais l'action me touche

ACTE I, SCÈNE IX.

De voir que je l'apprenne encore par ta bouche.
MASCARILLE.
Vous voyez si je suis le secret confident...
PANDOLFE.
Vraiment je suis ravi de cela.
MASCARILLE.
Cependant
A son devoir, sans bruit, desirez-vous le rendre?
Il faut... J'ai toujours peur qu'on nous vienne surprendre?
Ce seroit fait de moi, s'il savoit ce discours;
Il faut, dis-je, pour rompre à toute chose cours,
Acheter sourdement l'esclave idolâtrée,
Et la faire passer en une autre contrée.
Anselme a grand accès auprès de Trufaldin;
Qu'il aille l'acheter pour vous dès ce matin :
Après, si vous voulez en mes mains la remettre,
Je connois des marchands, et puis bien vous promettre
D'en retirer l'argent qu'elle pourra coûter,
Et, malgré votre fils, de la faire écarter.
Car enfin, si l'on veut qu'à l'hymen il se range,
A cet amour naissant il faut donner le change;
Et de plus, quand bien même il seroit résolu
Qu'il auroit pris le joug que vous avez voulu,
Cet autre objet, pouvant réveiller son caprice,
Au mariage encor peut porter préjudice.
PANDOLFE.
C'est très-bien raisonner, ce conseil me plaît fort...
Je vois Anselme; va, je m'en vais faire effort
Pour avoir promptement cette esclave funeste,
Et la mettre en tes mains pour achever le reste.

MASCARILLE, seul.

Bon! allons avertir mon maître de ceci.
Vive la fourberie, et les fourbes aussi!

SCÈNE X.

HIPPOLYTE, MASCARILLE.

HIPPOLYTE.

Oui, traître, c'est ainsi que tu me rends service?
Je viens de tout entendre, et voir ton artifice.
A moins que de cela, l'eussé-je soupçonné?
Tu paies d'imposture, et tu m'en as donné.
Tu m'avois promis, lâche, et j'avois lieu d'attendre
Qu'on te verroit servir mes ardeurs pour Léandre;
Que du choix de Lélie, où l'on veut m'obliger,
Ton adresse et tes soins sauroient me dégager;
Que tu m'affranchirois du projet de mon père :
Et cependant ici tu fais tout le contraire!
Mais tu t'abuseras : je sais un sûr moyen
Pour rompre cet achat où tu pousses si bien;
Et je vais de ce pas...

MASCARILLE.

     Ah! que vous êtes prompte!
La mouche tout d'un coup à la tête vous monte,
Et, sans considérer s'il a raison ou non,
Votre esprit contre moi fait le petit démon.
J'ai tort, et je devrois, sans finir mon ouvrage,
Vous faire dire vrai, puisque ainsi l'on m'outrage

HIPPOLYTE.

Par quelle illusion penses-tu m'éblouir?
Traître, peux-tu nier ce que je viens d'ouïr?

MASCARILLE.

Non. Mais il faut savoir que tout cet artifice
Ne va directement qu'à vous rendre service;
Que ce conseil adroit qui semble être sans fard
Jette dans le panneau l'un et l'autre vieillard;
Que mon soin par leurs mains ne veut avoir Célie
Qu'à dessein de la mettre au pouvoir de Lélie,
Et faire que, l'effet de cette invention
Dans le dernier excès portant sa passion,
Anselme, rebuté de son prétendu gendre,
Puisse tourner son choix du côté de Léandre.

HIPPOLYTE.

Quoi! tout ce grand projet qui m'a mise en courroux,
Tu l'as formé pour moi, Mascarille?

MASCARILLE.

Oui, pour vous.
Mais puisqu'on reconnoit si mal mes bons offices,
Qu'il me faut de la sorte essuyer vos caprices,
Et que, pour récompense, on s'en vient de hauteur
Me traiter de faquin, de lâche, d'imposteur,
Je m'en vais réparer l'erreur que j'ai commise,
Et, dès ce même pas, rompre mon entreprise.

HIPPOLYTE, l'arrêtant.

Hé! ne me traite pas si rigoureusement,
Et pardonne aux transports d'un premier mouvement!

MASCARILLE.

Non, non, laissez-moi faire; il est en ma puissance

De détourner le coup qui si fort vous offense.
Vous ne vous plaindrez point de mes soins désormais;
Oui, vous aurez mon maître, et je vous le promets.

HIPPOLYTE.

Hé! mon pauvre garçon, que ta colère cesse!
J'ai mal jugé de toi; j'ai tort, je le confesse.
(Tirant sa bourse.)
Mais je veux réparer ma faute par ceci.
Pourrois-tu te résoudre à me quitter ainsi?

MASCARILLE.

Non, je ne le saurois, quelque effort que je fasse:
Mais votre promptitude est de mauvaise grace.
Apprenez qu'il n'est rien qui blesse un noble cœur
Comme quand il peut voir qu'on le touche en l'honneur.

HIPPOLYTE.

Il est vrai, je t'ai dit de trop grosses injures:
Mais que ces deux louis guérissent tes blessures.

MASCARILLE.

Hé! tout cela n'est rien: je suis tendre à ces coups.
Mais déja je commence à perdre mon courroux:
Il faut de ses amis endurer quelque chose.

HIPPOLYTE.

Pourras-tu mettre à fin ce que je me propose?
Et crois-tu que l'effet de tes desseins hardis
Produise à mon amour le succès que tu dis?

MASCARILLE.

N'ayez point pour ce fait l'esprit sur des épines.
J'ai des ressorts tout prêts pour diverses machines;
Et quand ce stratagème à nos vœux manqueroit,
Ce qu'il ne feroit pas, un autre le feroit.

HIPPOLYTE.

Crois qu'Hippolyte au moins ne sera pas ingrate.

MASCARILLE.

L'espérance du gain n'est pas ce qui me flatte.

HIPPOLYTE.

Ton maître te fait signe, et veut parler à toi :
Je te quitte; mais songe à bien agir pour moi.

SCÈNE XI.

LÉLIE, MASCARILLE.

LÉLIE.

Que diable fais-tu là? Tu me promets merveille;
Mais ta lenteur d'agir est pour moi sans pareille.
Sans que mon bon génie au-devant m'a poussé,
Déja tout mon bonheur eût été renversé;
C'étoit fait de mon bien, c'étoit fait de ma joie :
D'un regret éternel je devenois la proie :
Bref, si je ne me fusse en ce lieu rencontré,
Anselme avoit l'esclave, et j'en étois frustré;
Il l'emmenoit chez lui. Mais j'ai paré l'atteinte,
J'ai détourné le coup, et tant fait, que, par crainte,
Le pauvre Trufaldin l'a retenue.

MASCARILLE.

Et trois :
Quand nous serons à dix, nous ferons une croix.
C'étoit par mon adresse, ô cervelle incurable!
Qu'Anselme entreprenoit cet achat favorable :
Entre mes propres mains on la devoit livrer;

Et vos soins endiablés nous en viennent sevrer.
Et puis pour votre amour je m'emploirois encore !
J'aimerois mieux cent fois être grosse pécore,
Devenir cruche, chou, lanterne, loup-garou,
Et que monsieur Satan vous vînt tordre le cou.

LÉLIE, seul.

Il nous le faut mener en quelque hôtellerie,
Et faire sur les pots décharger sa furie.

FIN DU PREMIER ACTE.

ACTE SECOND.

SCÈNE I.

LÉLIE, MASCARILLE.

MASCARILLE.

A vos desirs enfin il a fallu se rendre :
Malgré tous mes serments, je n'ai pu m'en défendre ;
Et, pour vos intérêts, que je voulois laisser,
En de nouveaux périls viens de m'embarrasser.
Je suis ainsi facile ; et si de Mascarille
Madame la nature avoit fait une fille,
Je vous laisse à penser ce que ç'auroit été.
Toutefois n'allez pas, sur cette sûreté,
Donner de vos revers au projet que je tente,
Me faire une bévue et rompre mon attente.
Auprès d'Anselme encor nous vous excuserons,
Pour en pouvoir tirer ce que nous desirons :
Mais si dorénavant votre imprudence éclate,
Adieu, vous dis, mes soins pour l'espoir qui vous flatte.

LÉLIE.

Non, je serai prudent, te dis-je ; ne crains rien :
Tu verras seulement...

MASCARILLE.

Souvenez-vous-en bien ;

J'ai commencé pour vous un hardi stratagème.
Votre père fait voir une paresse extrême
A rendre par sa mort tous vos desirs contents ;
Je viens de le tuer (de parole, j'entends) :
Je fais courir le bruit que d'une apoplexie
Le bonhomme surpris a quitté cette vie.
Mais avant, pour pouvoir mieux feindre ce trépas,
J'ai fait que vers sa grange il a porté ses pas :
On est venu lui dire, et par mon artifice,
Que les ouvriers qui sont après son édifice,
Parmi les fondements qu'ils en jettent encor,
Avoient fait par hasard rencontre d'un trésor.
Il a volé d'abord ; et, comme à la campagne
Tout son monde à présent, hors nous deux, l'accompagne,
Dans l'esprit d'un chacun je le tue aujourd'hui,
Et produis un fantôme enseveli pour lui.
Enfin je vous ai dit à quoi je vous engage :
Jouez bien votre rôle. Et pour mon personnage,
Si vous apercevez que j'y manque d'un mot,
Dites absolument que je ne suis qu'un sot.

SCÈNE II.

LÉLIE.

Son esprit, il est vrai, trouve une étrange voie
Pour adresser mes vœux au comble de leur joie :
Mais, quand d'un bel objet on est bien amoureux,
Que ne feroit-on pas pour devenir heureux ?
Si l'amour est au crime une assez belle excuse,

Il en peut bien servir à la petite ruse
Que sa flamme aujourd'hui me force d'approuver,
Par la douceur du bien qui m'en doit arriver.
Juste ciel! qu'ils sont prompts! Je les vois en parole.
Allons nous préparer à jouer notre rôle.

SCÈNE III.

ANSELME, MASCARILLE.

MASCARILLE.
La nouvelle a sujet de vous surprendre fort.

ANSELME.
Être mort de la sorte!

MASCARILLE.
Il a, certes, grand tort.
Je lui sais mauvais gré d'une telle incartade.

ANSELME.
N'avoir pas seulement le temps d'être malade!

MASCARILLE.
Non, jamais homme n'eut si hâte de mourir.

ANSELME.
Et Lélie?

MASCARILLE.
Il se bat, et ne peut rien souffrir;
Il s'est fait en maint lieu contusion et bosse,
Et veut accompagner son papa dans la fosse :
Enfin, pour achever, l'excès de son transport
M'a fait en grande hâte ensevelir le mort,
De peur que cet objet, qui le rend hypocondre,

A faire un vilain coup ne me l'allât semondre.[1]

ANSELME.

N'importe, tu devois attendre jusqu'au soir ;
Outre qu'encore un coup j'aurois voulu le voir.
Qui tôt ensevelit bien souvent assassine ;
Et tel est cru défunt qui n'en a que la mine.

MASCARILLE.

Je vous le garantis trépassé comme il faut.
Au reste, pour venir au discours de tantôt,
Lélie, et l'action lui sera salutaire,
D'un bel enterrement veut régaler son père,
Et consoler un peu ce défunt de son sort
Par le plaisir de voir faire honneur à sa mort.
Il hérite beaucoup : mais, comme en ses affaires
Il se trouve assez neuf et ne voit encor guères,
Que son bien la plupart n'est point en ces quartiers,
Ou que ce qu'il y tient consiste en des papiers,
Il voudroit vous prier, ensuite de l'instance,
D'excuser de tantôt son trop de violence,
De lui prêter au moins pour ce dernier devoir...

ANSELME.

Tu me l'as déja dit ; et je m'en vais le voir.

MASCARILLE, seul.

Jusques ici du moins tout va le mieux du monde.
Tâchons à ce progrès que le reste réponde ;
Et, de peur de trouver dans le port un écueil,
Conduisons le vaisseau de la main et de l'œil.

---

[1] *Semondre*, du latin *submonere*, signifiait conseiller, porter à faire une chose.

SCÈNE IV.

ANSELME, LÉLIE, MASCARILLE.

ANSELME.

Sortons; je ne saurois qu'avec douleur très-forte
Le voir empaqueté de cette étrange sorte.
Las! en si peu de temps! Il vivoit ce matin!

MASCARILLE.

En peu de temps parfois on fait bien du chemin.

LÉLIE, pleurant.

Ah!

ANSELME.

Mais quoi, cher Lélie! enfin il étoit homme.
On n'a point pour la mort de dispense de Rome.

LÉLIE.

Ah!

ANSELME.

Sans leur dire gare, elle abat les humains,
Et contre eux de tout temps a de mauvais desseins.

LÉLIE.

Ah!

ANSELME.

Ce fier animal, pour toutes les prières,
Ne perdroit pas un coup de ses dents meurtrières.
Tout le monde y passe.

LÉLIE.

Ah!

MASCARILLE.

Vous avez beau prêcher,

Ce deuil enraciné ne se peut arracher.

ANSELME.
Si malgré ces raisons votre ennui persévère,
Mon cher Lélie, au moins faites qu'il se modère.

LÉLIE.
Ah!

MASCARILLE.
Il n'en fera rien, je connois son humeur.

ANSELME.
Au reste, sur l'avis de votre serviteur,
J'apporte ici l'argent qui vous est nécessaire
Pour faire célébrer les obsèques d'un père.

LÉLIE.
Ah! ah!

MASCARILLE.
Comme à ce mot s'augmente sa douleur!
Il ne peut sans mourir songer à ce malheur.

ANSELME.
Je sais que vous verrez aux papiers du bonhomme
Que je suis débiteur d'une plus grande somme:
Mais, quand par ces raisons je ne vous devrois rien,
Vous pourriez librement disposer de mon bien.
Tenez; je suis tout vôtre, et le ferai paroître.

LÉLIE, s'en allant.
Ah!

MASCARILLE.
Le grand déplaisir que sent monsieur mon maître!

ANSELME.
Mascarille, je crois qu'il seroit à propos
Qu'il me fît de sa main un reçu de deux mots.

ACTE II, SCÈNE V.

MASCARILLE.

Ah!

ANSELME.

Des évènements l'incertitude est grande.

MASCARILLE.

Ah!

ANSELME.

Faisons-lui signer le mot que je demande.

MASCARILLE.

Las! en l'état qu'il est, comment vous contenter?
Donnez-lui le loisir de se désattrister :
Et quand ses déplaisirs auront quelque allégeance,
J'aurai soin d'en tirer d'abord votre assurance.
Adieu. Je sens mon cœur qui se gonfle d'ennui,
Et m'en vais tout mon soûl pleurer avecque lui.
Hi!

ANSELME, seul.

Le monde est rempli de beaucoup de traverses;
Chaque homme tous les jours en ressent de diverses :
Et jamais ici bas...

SCÈNE V.

PANDOLFE, ANSELME.

ANSELME.

Ah bons dieux! je frémi!
Pandolfe qui revient! Fût-il bien endormi!
Comme depuis sa mort sa face est amaigrie!
Las! ne m'approchez pas de plus près, je vous prie!

J'ai trop de répugnance à coudoyer un mort.

PANDOLFE.

D'où peut donc provenir ce bizarre transport?

ANSELME.

Dites-moi de bien loin quel sujet vous amène.
Si pour me dire adieu vous prenez tant de peine,
C'est trop de courtoisie, et véritablement
Je me serois passé de votre compliment.
Si votre ame est en peine et cherche des prières,
Las! je vous en promets, et ne m'effrayez guères!
Foi d'homme épouvanté, je vais faire à l'instant
Prier tant Dieu pour vous, que vous serez content.

  Disparoissez donc, je vous prie,
  Et que le ciel, par sa bonté,
  Comble de joie et de santé
  Votre défunte seigneurie!

PANDOLFE, riant.

Malgré tout mon dépit, il m'y faut prendre part.

ANSELME.

Las! pour un trépassé, vous êtes bien gaillard!

PANDOLFE.

Est-ce jeu, dites-nous, ou bien si c'est folie
Qui traite de défunt une personne en vie?

ANSELME.

Hélas! vous êtes mort, et je viens de vous voir...

PANDOLFE.

Quoi! j'aurois trépassé sans m'en apercevoir?

ANSELME.

Sitôt que Mascarille en a dit la nouvelle,
J'en ai senti dans l'ame une douleur mortelle.

ACTE II, SCÈNE V.

PANDOLFE.

Mais enfin dormez-vous ? Êtes-vous éveillé ?
Me connoissez-vous pas ?

ANSELME.

Vous êtes habillé
D'un corps aérien qui contrefait le vôtre,
Mais qui dans un moment peut devenir tout autre.
Je crains fort de vous voir comme un géant grandir,
Et tout votre visage affreusement laidir.
Pour Dieu, ne prenez point de vilaine figure ;
J'ai prou [1] de ma frayeur en cette conjoncture.

PANDOLFE.

En une autre saison, cette naïveté
Dont vous accompagnez votre crédulité,
Anselme, me seroit un charmant badinage,
Et j'en prolongerois le plaisir davantage :
Mais, avec cette mort, un trésor supposé,
Dont parmi les chemins on m'a désabusé,
Fomente dans mon ame un soupçon légitime.
Mascarille est un fourbe, et fourbe fourbissime,
Sur qui ne peuvent rien la crainte et les remords,
Et qui pour ses desseins a d'étranges ressorts.

ANSELME.

M'auroit-on joué pièce et fait supercherie ?
Ah ! vraiment, ma raison, vous sériez fort jolie !
Touchons un peu pour voir. En effet, c'est bien lui.
Malepeste du sot que je suis aujourd'hui !

---

[1] *Prou.* Ce mot signifioit *assez, beaucoup* ; il vient de *pro*, qui est italien et espagnol, et qui, dans les deux langues, signifie *avantage.*

De grace, n'allez pas divulguer un tel conte;
On en feroit jouer quelque farce à ma honte.
Mais, Pandolfe, aidez-moi vous-même à retirer
L'argent que j'ai donné pour vous faire enterrer.

PANDOLFE.

De l'argent, dites-vous? Ah! voilà l'enclouure!
C'est là le nœud secret de toute l'aventure!
A votre dam. Pour moi, sans me mettre en souci,
Je vais faire informer de cette affaire-ci
Contre ce Mascarille; et, si l'on peut le prendre,
Quoi qu'il puisse coûter, je le veux faire pendre.

ANSELME, seul.

Et moi, la bonne dupe à trop croire un vaurien,
Il faut donc qu'aujourd'hui je perde et sens et bien :
Il me sied bien, ma foi, de porter tête grise,
Et d'être encor si prompt à faire une sottise;
D'examiner si peu, sur un premier rapport...
Mais je vois...

SCÈNE VI.

LÉLIE, ANSELME.

LÉLIE.

Maintenant avec ce passe-port
Je puis à Trufaldin rendre aisément visite.

ANSELME.

A ce que je puis voir, votre douleur vous quitte?

LÉLIE.

Que dites-vous? Jamais elle ne quittera

Un cœur qui chèrement toujours la gardera.

ANSELME.

Je reviens sur mes pas vous dire avec franchise
Que tantôt avec vous j'ai fait une méprise;
Que parmi ces louis, quoiqu'ils semblent très-beaux,
J'en ai, sans y penser, mêlé que je tiens faux;
Et j'apporte sur moi de quoi mettre en leur place.
De nos faux monnoyeurs l'insupportable audace
Pullule en cet État d'une telle façon,
Qu'on ne reçoit plus rien qui soit hors de soupçon.
Mon dieu! qu'on feroit bien de les faire tous pendre!

LÉLIE.

Vous me faites plaisir de les vouloir reprendre:
Mais je n'en n'ai point vu de faux, comme je croi.

ANSELME.

Je les connoîtrai bien, montrez, montrez-les-moi.
Est-ce tout?

LÉLIE.

Oui.

ANSELME.

Tant mieux. Enfin je vous raccroche,
Mon argent bien aimé; rentrez dedans ma poche.
Et vous, mon brave escroc, vous ne tenez plus rien.
Vous tuez donc des gens qui se portent fort bien?
Et qu'auriez-vous donc fait sur moi chétif beau-père?
Ma foi, je m'engendrois d'une belle manière,
Et j'allois prendre en vous un beau-fils fort discret!
Allez, allez mourir de honte et de regret.

LÉLIE, seul.

Il faut dire, j'en tiens. Quelle surprise extrême!
D'où peut-il avoir su sitôt le stratagème?

SCÈNE VII.

LÉLIE, MASCARILLE.

MASCARILLE.

Quoi! vous étiez sorti? Je vous cherchois partout.
Hé bien! en sommes-nous enfin venus à bout?
Je le donne en six coups au fourbe le plus brave.
Ça, donnez-moi que j'aille acheter notre esclave;
Votre rival après sera bien étonné.

LÉLIE.

Ah! mon pauvre garçon, la chance a bien tourné!
Pourrois-tu de mon sort deviner l'injustice?

MASCARILLE.

Quoi? que seroit-ce?

LÉLIE.

Anselme, instruit de l'artifice,
M'a repris maintenant tout ce qu'il nous prêtoit,
Sous couleur de changer de l'or que l'on doutoit.

MASCARILLE.

Vous vous moquez peut-être.

LÉLIE.

Il est trop véritable.

MASCARILLE.

Tout de bon?

LÉLIE.

Tout de bon; j'en suis inconsolable.
Tu te vas emporter d'un courroux sans égal.

MASCARILLE.

Moi, monsieur? quelque sot : la colère fait mal;

Et je veux me choyer, quoi qu'enfin il arrive.
Que Célie, après tout, soit ou libre ou captive,
Que Léandre l'achète, ou qu'elle reste là,
Pour moi, je m'en soucie autant que de cela.

LÉLIE.

Ah! n'aie point pour moi si grande indifférence,
Et sois plus indulgent à ce peu d'imprudence!
Sans ce dernier malheur, ne m'avoûras-tu pas
Que j'avois fait merveille, et qu'en ce feint trépas
J'éludois un chacun d'un deuil si vraisemblable,
Que les plus clairvoyants l'auroient cru véritable?

MASCARILLE.

Vous avez en effet sujet de vous louer.

LÉLIE.

Hé bien! je suis coupable, et je veux l'avouer;
Mais si jamais mon bien te fut considérable,
Répare ce malheur, et me sois secourable.

MASCARILLE.

Je vous baise les mains; je n'ai pas le loisir.

LÉLIE.

Mascarille, mon fils!

MASCARILLE.

   Point.

LÉLIE.

    Fais-moi ce plaisir.

MASCARILLE.

Non, je n'en ferai rien.

LÉLIE.

   Si tu m'es inflexible,
Je m'en vais me tuer.

7.

MASCARILLE.

Soit; il vous est loisible.

LÉLIE.

Je ne te puis fléchir?

MASCARILLE.

Non.

LÉLIE.

Vois-tu le fer prêt?

MASCARILLE.

Oui.

LÉLIE.

Je vais le pousser.

MASCARILLE.

Faites ce qu'il vous plaît.

LÉLIE.

Tu n'auras pas regret de m'arracher la vie?

MASCARILLE.

Non.

LÉLIE.

Adieu, Mascarille.

MASCARILLE.

Adieu, monsieur Lélie.

LÉLIE.

Quoi !

MASCARILLE.

Tuez-vous donc vite. Ah ! que de longs devis !

LÉLIE.

Tu voudrois bien, ma foi, pour avoir mes habits,
Que je fisse le sot, et que je me tuasse.

MASCARILLE.

Savois-je pas qu'enfin ce n'étoit que grimace;

Et, quoi que ces esprits jurent d'effectuer,
Qu'on n'est point aujourd'hui si prompt à se tuer?

SCÈNE VIII.

TRUFALDIN, LÉANDRE, LÉLIE, MASCARILLE.

(Trufaldin parle bas à Léandre dans le fond du théâtre.)

LÉLIE.

Que vois-je? Mon rival et Trufaldin ensemble!
Il achète Célie. Ah! de frayeur je tremble!

MASCARILLE.

Il ne faut point douter qu'il fera ce qu'il peut;
Et, s'il a de l'argent, qu'il pourra ce qu'il veut.
Pour moi, j'en suis ravi. Voilà la récompense
De vos brusques erreurs, de votre impatience.

LÉLIE.

Que dois-je faire? dis: veuille me conseiller.

MASCARILLE.

Je ne sais.

LÉLIE.

Laisse-moi, je vais le quereller.

MASCARILLE.

Qu'en arrivera-t-il?

LÉLIE.

Que veux-tu que je fasse
Pour empêcher ce coup?

MASCARILLE.

Allez, je vous fais grace;

Je jette encor un œil pitoyable sur vous.
Laissez-moi l'observer : par des moyens plus doux
Je vais, comme je crois, savoir ce qu'il projette.

(Lélie sort.)

TRUFALDIN, à Léandre.

Quand on viendra tantôt, c'est une affaire faite.

(Trufaldin sort.)

MASCARILLE, à part, en s'en allant.

Il faut que je l'attrape, et que de ses desseins
Je sois le confident, pour mieux les rendre vains.

LÉANDRE, seul.

Graces au ciel, voilà mon bonheur hors d'atteinte,
J'ai su me l'assurer, et je n'ai plus de crainte.
Quoi que désormais puisse entreprendre un rival,
Il n'est plus en pouvoir de me faire du mal.

SCÈNE IX.

LÉANDRE, MASCARILLE.

MASCARILLE dit ces deux vers dans la maison, et entre sur le théâtre.

Aie ! aie ! à l'aide ! au meurtre ! au secours ! on m'assomme !
Ah ! ah ! ah ! ah ! ah ! ah ! ô traître ! ô bourreau d'homme !

LÉANDRE.

D'où procède cela ? Qu'est-ce ? que te fait-on ?

MASCARILLE.

On vient de me donner deux cents coups de bâton.

LÉANDRE.

Qui ?

ACTE II, SCENE IX.

MASCARILLE.

Lélie.

LÉANDRE.

Et pourquoi?

MASCARILLE.

Pour une bagatelle
Il me chasse et me bat d'une façon cruelle.

LÉANDRE.

Ah! vraiment, il a tort!

MASCARILLE.

Mais, ou je ne pourrai,
Ou je jure bien fort que je m'en vengerai.
Oui, je te ferai voir, batteur que Dieu confonde!
Que ce n'est pas pour rien qu'il faut rouer le monde;
Que je suis un valet, mais fort homme d'honneur;
Et qu'après m'avoir eu quatre ans pour serviteur,
Il ne me falloit pas payer en coups de gaules,
Et me faire un affront si sensible aux épaules.
Je te le dis encor, je saurai m'en venger.
Une esclave te plait, tu voulois m'engager
A la mettre en tes mains; et je veux faire en sorte
Qu'un autre te l'enlève, ou le diable m'emporte!

LÉANDRE.

Écoute, Mascarille, et quitte ce transport.
Tu m'as plu de tout temps, et je souhaitois fort
Qu'un garçon comme toi, plein d'esprit et fidèle,
A mon service un jour pût attacher son zèle.
Enfin, si le parti te semble bon pour toi,
Si tu veux me servir, je t'arrête avec moi.

MASCARILLE.

Oui, monsieur, d'autant mieux, que le destin propice

M'offre à me bien venger en vous rendant service ;
Et que dans mes efforts pour vos contentements
Je puis à mon brutal trouver des châtiments :
De Célie, en un mot, par mon adresse extrême...

LÉANDRE.

Mon amour s'est rendu cet office lui-même.
Enflammé d'un objet qui n'a point de défaut,
Je viens de l'acheter moins encor qu'il ne vaut.

MASCARILLE.

Quoi ! Célie est à vous ?

LÉANDRE.

Tu la verrois paroître,
Si de mes actions j'étois tout-à-fait maître :
Mais quoi ! mon père l'est ; comme il a volonté,
Ainsi que je l'apprends d'un paquet apporté,
De me déterminer à l'hymen d'Hippolyte,
J'empêche qu'un rapport de tout ceci l'irrite.
Donc avec Trufaldin, car je sors de chez lui,
J'ai voulu tout exprès agir au nom d'autrui ;
Et, l'achat fait, ma bague est la marque choisie
Sur laquelle au premier il doit livrer Célie.
Je songe auparavant à chercher les moyens
D'ôter aux yeux de tous ce qui charme les miens,
A trouver promptement un endroit favorable
Où puisse être en secret cette captive aimable.

MASCARILLE.

Hors de la ville un peu, je puis avec raison
D'un vieux parent que j'ai vous offrir la maison :
Là vous pourrez la mettre avec toute assurance,
Et de cette action nul n'aura connoissance.

ACTE II, SCENE XI.

LÉANDRE.

Oui? Ma foi, tu me fais un plaisir souhaité.
Tiens donc, et va pour moi prendre cette beauté :
Dès que par Trufaldin ma bague sera vue,
Aussitôt en tes mains elle sera rendue,
Et dans cette maison tu me la conduiras.
Quand... Mais chut, Hippolyte est ici sur nos pas.

SCÈNE X.

HIPPOLYTE, LÉANDRE, MASCARILLE.

HIPPOLYTE.

Je dois vous annoncer, Léandre, une nouvelle;
Mais la trouverez-vous agréable, ou cruelle?

LÉANDRE.

Pour en pouvoir juger, et répondre soudain,
Il faudroit la savoir.

HIPPOLYTE.

Donnez-moi donc la main
Jusqu'au temple; en marchant je pourrai vous l'apprendre.

LÉANDRE, à Mascarille.

Va, va-t-en me servir sans davantage attendre.

SCÈNE XI.

MASCARILLE.

Oui, je te vais servir d'un plat de ma façon.
Fut-il jamais au monde un plus heureux garçon!

Oh! que dans un moment Lélie aura de joie!
Sa maîtresse en nos mains tomber par cette voie!
Recevoir tout son bien d'où l'on attend son mal,
Et devenir heureux par la main d'un rival!
Après ce rare exploit, je veux que l'on s'apprête
A me peindre en héros un laurier sur la tête,
Et qu'au bas du portrait on mette en lettres d'or:
Vivat Mascarillus fourbum imperator!

SCÈNE XII.

TRUFALDIN, MASCARILLE.

MASCARILLE.

Holà!

TRUFALDIN.

Que voulez-vous?

MASCARILLE.

Cette bague connue
Vous dira le sujet qui cause ma venue.

TRUFALDIN.

Oui, je reconnois bien la bague que voilà.
Je vais querir l'esclave, arrêtez un peu là.

SCÈNE XIII.

TRUFALDIN, UN COURRIER, MASCARILLE.

LE COURRIER, à Trufaldin.

Seigneur, obligez-moi de m'enseigner un homme...

TRUFALDIN.

Et qui ?

LE COURRIER.

Je crois que c'est Trufaldin qu'il se nomme.

TRUFALDIN.

Et que lui voulez-vous ? Vous le voyez ici.

LE COURRIER.

Lui rendre seulement la lettre que voici.

TRUFALDIN lit.

« Le ciel, dont la bonté prend souci de ma vie,
« Vient de me faire ouïr, par un bruit assez doux,
« Que ma fille, à quatre ans par des voleurs ravie,
« Sous le nom de Célie est esclave chez vous.
« Si vous sûtes jamais ce que c'est qu'être père,
« Et vous trouvez sensible aux tendresses du sang,
« Conservez-moi chez vous cette fille si chère,
« Comme si de la vôtre elle tenoit le rang.
   « Pour l'aller retirer, je pars d'ici moi-même,
« Et vous vais de vos soins récompenser si bien,
« Que par votre bonheur, que je veux rendre extrême,
« Vous bénirez le jour où vous causez le mien. »
   De Madrid.   DON PEDRO DE GUSMAN,
                          marquis de MONTALCANE

L'ÉTOURDI.

(Il continue.)
Quoiqu'à leur nation bien peu de foi soit due,
Ils me l'avoient bien dit, ceux qui me l'ont vendue,
Que je verrois dans peu quelqu'un la retirer,
Et que je n'aurois pas sujet d'en murmurer :
Et cependant j'allois, dans mon impatience,
Perdre aujourd'hui les fruits d'une haute espérance.
(Au courrier.)
Un seul moment plus tard tous vos pas étoient vains,
J'allois mettre à l'instant cette fille en ses mains,
Mais suffit ; j'en aurai tout le soin qu'on desire.
(Le courrier sort.)
(A Mascarille.)
Vous-même vous voyez ce que je viens de lire.
Vous direz à celui qui vous a fait venir
Que je ne lui saurois ma parole tenir ;
Qu'il vienne retirer son argent.

MASCARILLE
Mais l'outrage
Que vous lui faites...

TRUFALDIN.
Va, sans causer davantage.

MASCARILLE, seul.
Ah ! le fâcheux paquet que nous venons d'avoir !
Le sort a bien donné la baie [1] à mon espoir ;
Et bien à la malheure est-il venu d'Espagne

---

[1] *Donné la baie.* Cette expression proverbiale vient de l'ancienne farce de l'*Avocat Patelin*. Un berger, accusé d'avoir tué les moutons de M. Guillaume, ne répond que *baie* au juge, et même à l'avocat Patelin, lorsque ce dernier lui demande de l'argent. D là, *donner la baie*, pour tromper.

Ce courrier, que la foudre ou la grêle accompagne!
Jamais, certes, jamais plus beau commencement
N'eut en si peu de temps plus triste événement.

SCÈNE XIV.

LÉLIE, riant; MASCARILLE.

MASCARILLE.

Quel beau transport de joie à présent vous inspire?

LÉLIE.

Laisse m'en rire encore avant que te le dire.

MASCARILLE.

Ça, rions donc bien fort, nous en avons sujet.

LÉLIE.

Ah! je ne serai plus de tes plaintes l'objet :
Tu ne me diras plus, toi qui toujours me cries,
Que je gâte en brouillon toutes tes fourberies.
J'ai bien joué moi-même un tour des plus adroits.
Il est vrai, je suis prompt, et m'emporte parfois :
Mais pourtant, quand je veux, j'ai l'imaginative
Aussi bonne, en effet, que personne qui vive;
Et toi-même avoûras que ce que j'ai fait, part
D'une pointe d'esprit où peu de monde a part.

MASCARILLE.

Sachons donc ce qu'a fait cette imaginative.

LÉLIE.

Tantôt, l'esprit ému d'une frayeur bien vive
D'avoir vu Trufaldin avecque mon rival,
Je songeois à trouver un remède à ce mal ;

Lorsque, me ramassant tout entier en moi-même,
J'ai conçu, digéré, produit un stratagème
Devant qui tous les tiens, dont tu fais tant de cas,
Doivent, sans contredit, mettre pavillon bas.

MASCARILLE.

Mais qu'est-ce?

LÉLIE.

Ah! s'il te plaît, donne-toi patience.
J'ai donc fait une lettre avecque diligence,
Comme d'un grand seigneur écrite à Trufaldin,
Qui mande qu'ayant su par un heureux destin,
Qu'une esclave qu'il tient sous le nom de Célie
Est sa fille, autrefois par des voleurs ravie,
Il veut la venir prendre, et le conjure au moins
De la garder toujours, de lui rendre des soins;
Qu'à ce sujet il part d'Espagne, et doit pour elle
Par de si grands présents reconnoître son zèle,
Qu'il n'aura point regret de causer son bonheur.

MASCARILLE.

Fort bien.

LÉLIE.

Écoute donc: voici bien le meilleur.
La lettre que je dis a donc été remise.
Mais sais-tu bien comment? En saison si bien prise,
Que le porteur m'a dit que, sans ce trait falot,[1]
Un homme l'emmenoit, qui s'est trouvé fort sot.

MASCARILLE.

Vous avez fait ce coup sans vous donner au diable?

[1] *Falot*, vieux mot qui signifiait *plaisant*.

LÉLIE.
Oui. D'un tour si subtil m'aurois-tu cru capable?
Loue au moins mon adresse, et la dextérité
Dont je romps d'un rival le dessein concerté.
MASCARILLE.
A vous pouvoir louer selon votre mérite
Je manque d'éloquence, et ma force est petite.
Oui, pour bien étaler cet effort relevé,
Ce bel exploit de guerre à nos yeux achevé,
Ce grand et rare effet d'une imaginative
Qui ne cède en vigueur à personne qui vive,
Ma langue est impuissante, et je voudrois avoir
Celle de tous les gens du plus exquis savoir,
Pour vous dire en beaux vers, ou bien en docte prose,
Que vous serez toujours, quoi que l'on se propose,
Tout ce que vous avez été durant vos jours;
C'est-à-dire un esprit chaussé tout à rebours,
Une raison malade et toujours en débauche,
Un envers du bon sens, un jugement à gauche,
Un brouillon, une bête, un brusque, un étourdi,
Que sais-je? un... cent fois plus encor que je ne di.
C'est faire en abrégé votre panégyrique.
LÉLIE.
Apprends-moi le sujet qui contre moi te pique.
Ai-je fait quelque chose? Éclaircis-moi ce point.
MASCARILLE.
Non, vous n'avez rien fait. Mais ne me suivez point.
LÉLIE.
Je te suivrai partout pour savoir ce mystère

MASCARILLE.

Oui! Sus donc, préparez vos jambes à bien faire ;
Car je vais vous fournir de quoi les exercer.

LÉLIE, seul.

Il m'échappe. O malheur qui ne se peut forcer !
Au discours qu'il m'a fait que saurois-je comprendre ?
Et quel mauvais office aurois-je pu me rendre ?

FIN DU SECOND ACTE.

ACTE TROISIÈME.

SCÈNE I.

MASCARILLE.

Taisez-vous, ma bonté, cessez votre entretien,
Vous êtes une sotte, et je n'en ferai rien.
Oui, vous avez raison, mon courroux, je l'avoue;
Relier tant de fois ce qu'un brouillon dénoue,
C'est trop de patience; et je dois en sortir,
Après de si beaux coups qu'il a su divertir.
Mais aussi raisonnons un peu sans violence.
Si je suis maintenant ma juste impatience,
On dira que je cède à la difficulté,
Que je me trouve à bout de ma subtilité.
Et que deviendra lors cette publique estime
Qui te vante partout pour un fourbe sublime,
Et que tu t'es acquise en tant d'occasions
A ne t'être jamais vu court d'inventions?
L'honneur, ô Mascarille, est une belle chose!
A tes nobles travaux ne fais aucune pause;
Et quoi qu'un maître ait fait pour te faire enrager,
Achève pour ta gloire, et non pour l'obliger.
Mais quoi! que feras-tu, que de l'eau toute claire?
Traversé sans repos par ce démon contraire,

Tu vois qu'à chaque instant il te fait déchanter,
Et que c'est battre l'eau de prétendre arrêter
Ce torrent effréné qui de tes artifices
Renverse en un moment les plus beaux édifices.
Hé bien ! pour toute grace, encore un coup du moins,
Au hasard du succès sacrifions des soins ;
Et s'il poursuit encor à rompre notre chance,
J'y consens, ôtons-lui toute notre assistance.
Cependant notre affaire encor n'iroit pas mal,
Si par-là nous pouvions perdre notre rival,
Et que Léandre enfin, lassé de sa poursuite,
Nous laissât jour entier pour ce que je médite.
Oui, je roule en ma tête un trait ingénieux,
Dont je promettrois bien un succès glorieux,
Si je puis n'avoir plus cet obstacle à combattre.
Bon : voyons si son feu se rend opiniâtre.

SCÈNE II.

LÉANDRE, MASCARILLE.

MASCARILLE.

Monsieur, j'ai perdu temps ; votre homme se dédit.

LÉANDRE.

De la chose lui-même il m'a fait le récit :
Mais c'est bien plus ; j'ai su que tout ce beau mystère
D'un rapt d'Égyptiens, d'un grand seigneur pour père,
Qui doit partir d'Espagne et venir en ces lieux,
N'est qu'un pur stratagème, un trait facétieux,
Une histoire à plaisir, un conte dont Lélie

ACTE III, SCÈNE II.

A voulu détourner notre achat de Célie.
MASCARILLE.
Voyez un peu la fourbe !
LÉANDRE.
Et pourtant Trufaldin
Est si bien imprimé de ce conte badin,
Mord si bien à l'appât de cette foible ruse,
Qu'il ne veut point souffrir que l'on le désabuse.
MASCARILLE.
C'est pourquoi désormais il la gardera bien,
Et je ne vois pas lieu d'y prétendre plus rien.
LÉANDRE.
Si d'abord à mes yeux elle parut aimable,
Je viens de la trouver tout-à-fait adorable ;
Et je suis en suspens si, pour me l'acquérir,
Aux extrêmes moyens je ne dois point courir,
Par le don de ma foi rompre sa destinée,
Et changer ses liens en ceux de l'hyménée.
MASCARILLE.
Vous pourriez l'épouser ?
LÉANDRE.
Je ne sais : mais enfin,
Si quelque obscurité se trouve en son destin,
Sa grace et sa vertu sont de douces amorces
Qui pour tirer les cœurs ont d'incroyables forces.
MASCARILLE.
Sa vertu, dites-vous ?
LÉANDRE.
Quoi ? que murmures-tu ?
Achève : explique-toi sur ce mot de vertu

MASCARILLE.

Monsieur, votre visage en un moment s'altère,
Et je ferai bien mieux peut-être de me taire.

LÉANDRE.

Non, non, parle.

MASCARILLE.

Hé bien donc, très-charitablement
Je vous veux retirer de votre aveuglement.
Cette fille...

LÉANDRE.

Poursuis.

MASCARILLE.

N'est rien moins qu'inhumaine ;
Dans le particulier elle oblige sans peine :
Et son cœur, croyez-moi, n'est point roche, après tout,
A quiconque la sait prendre par le bon bout :
Elle fait la sucrée, et veut passer pour prude.
Mais je puis en parler avecque certitude :
Vous savez que je suis quelque peu du métier.
A me devoir connoître en un pareil gibier.

LÉANDRE.

Célie....

MASCARILLE.

Oui, sa pudeur n'est que franche grimace,
Qu'une ombre de vertu qui garde mal la place,
Et qui s'évanouit, comme l'on peut savoir,
Aux rayons du soleil qu'une bourse fait voir.

LÉANDRE.

Las ! que dis-tu ? Croirai-je un discours de la sorte ?

MASCARILLE.

Monsieur, les volontés sont libres ; que m'importe ?

ACTE III, SCÈNE III.

Non, ne me croyez pas, suivez votre dessein :
Prenez cette matoise, et lui donnez la main ;
Toute la ville en corps reconnoîtra ce zèle,
Et vous épouserez le bien public en elle.

LÉANDRE.

Quelle surprise étrange !

MASCARILLE, à part.

Il a pris l'hameçon.
Courage ! s'il se peut enferrer tout de bon,
Nous nous ôtons du pied une fâcheuse épine.

LÉANDRE.

Oui, d'un coup étonnant ce discours m'assassine.

MASCARILLE.

Quoi ! vous pourriez...?

LÉANDRE.

Va-t'en jusqu'à la poste, et voi
Je ne sais quel paquet qui doit venir pour moi.

(Seul, après avoir rêvé.)

Qui ne s'y fût trompé ? Jamais l'air d'un visage,
Si ce qu'il dit est vrai, n'imposa davantage.

SCÈNE III.

LÉLIE, LÉANDRE.

LÉLIE.

Du chagrin qui vous tient quel peut être l'objet ?

LÉANDRE.

Moi ?

LÉLIE.

Vous-même.

LÉANDRE.
Pourtant je n'en ai point sujet.
LÉLIE.
Je vois bien ce que c'est, Célie en est la cause.
LÉANDRE.
Mon esprit ne court pas après si peu de chose.
LÉLIE.
Pour elle vous aviez pourtant de grands desseins :
Mais il faut dire ainsi, lorsqu'ils se trouvent vains.
LÉANDRE.
Si j'étois assez sot pour chérir ses caresses,
Je me moquerois bien de toutes vos finesses.
LÉLIE.
Quelles finesses donc ?
LÉANDRE.
Mon dieu! nous savons tout.
LÉLIE.
Quoi ?
LÉANDRE.
Votre procédé de l'un à l'autre bout.
LÉLIE.
C'est de l'hébreu pour moi, je n'y puis rien comprendre.
LÉANDRE.
Feignez, si vous voulez, de ne me pas entendre ;
Mais, croyez-moi, cessez de craindre pour un bien
Où je serois fâché de vous disputer rien.
J'aime fort la beauté qui n'est point profanée,
Et ne veux point brûler pour une abandonnée.
LÉLIE.
Tout beau, tout beau, Léandre !

LÉANDRE.

Ah! que vous êtes bon!
Allez, vous dis-je encor, servez-la sans soupçon;
Vous pourrez vous nommer homme à bonnes fortunes.
Il est vrai, sa beauté n'est pas des plus communes;
Mais en revanche aussi le reste est fort commun.

LÉLIE.

Léandre, arrêtez là ce discours importun.
Contre moi tant d'efforts qu'il vous plaira pour elle,
Mais surtout retenez cette atteinte mortelle.
Sachez que je m'impute à trop de lâcheté
D'entendre mal parler de ma divinité,
Et que j'aurai toujours bien moins de répugnance
A souffrir votre amour qu'un discours qui l'offense.

LÉANDRE.

Ce que j'avance ici me vient de bonne part.

LÉLIE.

Quiconque vous l'a dit est un lâche, un pendard.
On ne peut imposer de tache à cette fille,
Je connois bien son cœur.

LÉANDRE.

Mais enfin Mascarille
D'un semblable procès est juge compétent;
C'est lui qui la condamne.

LÉLIE.

Oui!

LÉANDRE.

Lui-même.

LÉLIE.

Il prétend

D'une fille d'honneur insolemment médire,
Et que peut-être encor je n'en ferai que rire?
Gage qu'il se dédit.

####### LÉANDRE.

Et moi, gage que non.

####### LÉLIE.

Parbleu! je le ferois mourir sous le bâton,
S'il m'avoit soutenu des faussetés pareilles.

####### LÉANDRE.

Moi, je lui couperois sur-le-champ les oreilles,
S'il n'étoit pas garant de tout ce qu'il m'a dit.

SCÈNE IV.

LÉLIE, LÉANDRE, MASCARILLE.

####### LÉLIE.

Ah! bon, bon, le voilà! Venez ça, chien maudit!

####### MASCARILLE.

Quoi?

####### LÉLIE.

Langue de serpent fertile en impostures,
Vous osez sur Célie attacher vos morsures,
Et lui calomnier la plus rare vertu
Qui puisse faire éclat sous un sort abattu?

####### MASCARILLE, bas, à Lélie.

Doucement; ce discours est de mon industrie.

####### LÉLIE.

Non, non, point de clin d'œil et point de raillerie:
Je suis aveugle à tout, sourd à quoi que ce soit;

ACTE III, SCÈNE IV.

Fût-ce mon propre frère, il me la paîroit;
Et sur ce que j'adore oser porter le blâme,
C'est me faire une plaie au plus tendre de l'ame.
Tous ces signes sont vains. Quels discours as-tu faits?

MASCARILLE.

Mon dieu! ne cherchons point querelle, ou je m'en vais.

LÉLIE.

Tu n'échapperas pas.

MASCARILLE.

Ahi!

LÉLIE.

Parle donc, confesse.

MASCARILLE, bas à Lélie.

Laissez-moi; je vous dis que c'est un tour d'adresse.

LÉLIE.

Dépêche, qu'as-tu dit? vide entre nous ce point.

MASCARILLE, bas à Lélie.

J'ai dit ce que j'ai dit : ne vous emportez point.

LÉLIE, mettant l'épée à la main.

Ah! je vous ferai bien parler d'une autre sorte.

LÉANDRE, l'arrêtant.

Halte un peu; retenez l'ardeur qui vous emporte.

MASCARILLE, à part.

Fut-il jamais au monde un esprit moins sensé?

LÉLIE.

Laissez-moi contenter mon courage offensé.

LÉANDRE.

C'est trop que de vouloir le battre en ma présence.

LÉLIE.

Quoi! châtier mes gens n'est pas en ma puissance?

LÉANDRE.

Comment vos gens?

MASCARILLE, à part.

Encore! il va tout découvrir.

LÉLIE.

Quand j'aurois volonté de le battre à mourir,
Hé bien, c'est mon valet.

LÉANDRE.

C'est maintenant le nôtre.

LÉLIE.

Le trait est admirable! et comment donc le vôtre?

LÉANDRE.

Sans doute.

MASCARILLE, bas à Lélie.

Doucement.

LÉLIE.

Hem, que veux-tu conter?

MASCARILLE, à part.

Ah! le double bourreau, qui me va tout gâter,
Et qui ne comprend rien, quelque signe qu'on donne!

LÉLIE.

Vous rêvez bien, Léandre, et me la baillez bonne.
Il n'est pas mon valet?

LÉANDRE.

Pour quelque mal commis,
Hors de votre service il n'a pas été mis?

LÉLIE.

Je ne sais ce que c'est.

LÉANDRE.

Et, plein de violence,

Vous n'avez pas chargé son dos avec outrance?

LÉLIE.

Point du tout. Moi, l'avoir chassé, roué de coups?
Vous vous moquez de moi, Léandre, ou lui de vous.

MASCARILLE, à part.

Pousse, pousse, bourreau; tu fais bien tes affaires.

LÉANDRE, à Mascarille.

Donc les coups de bâton ne sont qu'imaginaires!

MASCARILLE.

Il ne sait ce qu'il dit; sa mémoire...

LÉANDRE.

Non, non.
Tous ces signes pour toi ne disent rien de bon.
Oui, d'un tour délicat mon esprit te soupçonne;
Mais pour l'invention, va, je te le pardonne.
C'est bien assez pour moi qu'il m'ait désabusé,
De voir par quels motifs tu m'avois imposé,
Et que, m'étant commis à ton zèle hypocrite,
A si bon compte encor je m'en sois trouvé quitte.
Ceci doit s'appeler *un avis au lecteur*.
Adieu, Lélie, adieu; très-humble serviteur.

SCÈNE V.

LÉLIE, MASCARILLE.

MASCARILLE.

Courage, mon garçon! tout heur nous accompagne;
Mettons flamberge au vent, et bravoure en campagne;
Faisons *l'Olibrius*, *l'occiseur d'innocents*.

LÉLIE.

Il t'avoit accusé de discours médisants
Contre...

MASCARILLE.

Et vous ne pouviez souffrir mon artifice,
Lui laisser son erreur qui vous rendoit service,
Et par qui son amour s'en étoit presque allé?
Non, il a l'esprit franc et point dissimulé.
Enfin chez son rival je m'ancre avec adresse,
Cette fourbe en mes mains va mettre sa maîtresse :
Il me la fait manquer. Avec de faux rapports
Je veux de son rival ralentir les transports :
Mon brave incontinent vient qui le désabuse.
J'ai beau lui faire signe, et montrer que c'est ruse :
Point d'affaire; il poursuit sa pointe jusqu'au bout,
Et n'est point satisfait qu'il n'ait découvert tout.
Grand et sublime effort d'une imaginative
Qui ne le cède point à personne qui vive!
C'est une rare pièce, et digne, sur ma foi,
Qu'on en fasse présent au cabinet d'un roi.

LÉLIE.

Je ne m'étonne pas si je romps tes attentes;
A moins d'être informé des choses que tu tentes,
J'en ferois encor cent de la sorte.

MASCARILLE.

Tant pis.

LÉLIE.

Au moins pour t'emporter à de justes dépits,
Fais-moi dans tes desseins entrer de quelque chose.
Mais que de leurs ressorts la porte me soit close,

C'est ce qui fait toujours que je suis pris sans vert. [1]
MASCARILLE.
Ah! voilà tout le mal. C'est cela qui nous perd.
Ma foi, mon cher patron, je vous le dis encore,
Vous ne serez jamais qu'une pauvre pécore.
LÉLIE.
Puisque la chose est faite, il n'y faut plus penser.
Mon rival, en tout cas, ne peut me traverser;
Et pourvu que tes soins, en qui je me repose...
MASCARILLE.
Laissons là ce discours, et parlons d'autre chose.
Je ne m'apaise pas, non, si facilement;
Je suis trop en colère. Il faut premièrement
Me rendre un bon office; et nous verrons ensuite
Si je dois de vos feux reprendre la conduite.
LÉLIE.
S'il ne tient qu'à cela, je n'y résiste pas.
As-tu besoin, dis-moi, de mon sang, de mon bras?
MASCARILLE.
De quelle vision sa cervelle est frappée!
Vous êtes de l'humeur de ces amis d'épée
Que l'on trouve toujours plus prompts à dégaîner
Qu'à tirer un teston, [2] s'il falloit le donner.

---

[1] *Pris sans vert.* Le *vert*, jeu anciennement en usage au mois de mai. Ceux qui le jouaient étaient obligés de porter pendant tout le mois une feuille verte, cueillie le jour même. Celui qui était pris sans avoir cette feuille payait une amende convenue. De là l'expression *pris sans vert*, pour *pris au dépourvu*.

[2] *Teston.* Pièce de monnaie qui valait dix sous tournois.

LÉLIE.

Que puis-je donc pour toi?

MASCARILLE.

C'est que de votre père
Il faut absolument apaiser la colère.

LÉLIE.

Nous avons fait la paix.

MASCARILLE.

Oui, mais non pas pour nous.
Je l'ai fait ce matin mort pour l'amour de vous :
La vision le choque ; et de pareilles feintes
Aux vieillards comme lui sont de dures atteintes,
Qui, sur l'état prochain de leur condition,
Leur font faire à regret triste réflexion.
Le bon homme, tout vieux, chérit fort la lumière,
Et ne veut point de jeu dessus cette matière ;
Il craint le pronostic; et, contre moi fâché,
On m'a dit qu'en justice il m'avoit recherché.
J'ai peur, si le logis du roi fait ma demeure,
De m'y trouver si bien dès le premier quart d'heure,
Que j'aie peine aussi d'en sortir par après.
Contre moi dès long-temps on a force décrets ;
Car enfin la vertu n'est jamais sans envie,
Et dans ce maudit siècle est toujours poursuivie.
Allez donc le fléchir.

LÉLIE.

Oui, nous le fléchirons;
Mais aussi tu promets...

MASCARILLE.

Ah! mon dieu! nous verrons.

(Lélie sort.)

Ma foi, prenons haleine après tant de fatigues.
Cessons pour quelque temps le cours de nos intrigues,
Et de nous tourmenter de même qu'un lutin.
Léandre pour nous nuire est hors de garde enfin,
Et Célie arrêtée avecque l'artifice...

SCÈNE VI.

ERGASTE, MASCARILLE.

ERGASTE.

Je te cherchois partout pour te rendre un service,
Pour te donner avis d'un secret important.

MASCARILLE.

Quoi donc?

ERGASTE.

N'avons-nous point ici quelque écoutant?

MASCARILLE.

Non.

ERGASTE.

Nous sommes amis autant qu'on le peut être :
Je sais tous tes desseins et l'amour de ton maître;
Songez à vous tantôt. Léandre fait parti
Pour enlever Célie; et je suis averti
Qu'il a mis ordre à tout, et qu'il se persuade
D'entrer chez Trufaldin par une mascarade,
Ayant su qu'en ce temps, assez souvent, le soir,
Des femmes du quartier en masque l'alloient voir.

MASCARILLE.

Oui? Suffit; il n'est pas au comble de sa joie :

Je pourrai bien tantôt lui souffler cette proie ;
Et contre cet assaut je sais un coup fourré
Par qui je veux qu'il soit de lui-même enferré.
Il ne sait pas les dons dont mon ame est pourvue.
Adieu ; nous boirons pinte à la première vue.

SCÈNE VII.

MASCARILLE.

Il faut, il faut tirer à nous ce que d'heureux
Pourroit avoir en soi ce projet amoureux,
Et, par une surprise adroite et non commune,
Sans courir le danger, en tenter la fortune.
Si je vais me masquer pour devancer ses pas,
Léandre assurément ne nous bravera pas ;
Et là, premier que lui, si nous faisons la prise,
Il aura fait pour nous les frais de l'entreprise,
Puisque, par son dessein déja presque éventé,
Le soupçon tombera toujours de son côté,
Et que nous, à couvert de toutes ses poursuites,
De ce coup hasardeux ne craindrons point de suites.
C'est ne se point commettre à faire de l'éclat,
Et tirer les marrons de la patte du chat.
Allons donc nous masquer avec quelques bons frères ;
Pour prévenir nos gens, il ne faut tarder guères.
Je sais où gît le lièvre, et me puis sans travail
Fournir en un moment d'hommes et d'attirail.
Croyez que je mets bien mon adresse en usage :
Si j'ai reçu du ciel des fourbes en partage,

Je ne suis point au rang de ces esprits mal nés
Qui cachent les talents que Dieu leur a donnés.

SCÈNE VIII.

LÉLIE, ERGASTE.

LÉLIE.

Il prétend l'enlever avec sa mascarade?

ERGASTE.

Il n'est rien plus certain. Quelqu'un de sa brigade
M'ayant de ce dessein instruit, sans m'arrêter,
A Mascarille alors j'ai couru tout conter,
Qui s'en va, m'a-t-il dit, rompre cette partie
Par une invention dessus le champ bâtie;
Et, comme je vous ai rencontré par hasard,
J'ai cru que je devois du tout vous faire part.

LÉLIE.

Tu m'obliges par trop avec cette nouvelle :
Va, je reconnoîtrai ce service fidèle.

SCÈNE IX.

LÉLIE.

Mon drôle assurément leur jouera quelque trait.
Mais je veux de ma part seconder son projet :
Il ne sera pas dit qu'en un fait qui me touche
Je ne me sois non plus remué qu'une souche.
Voici l'heure; ils seront surpris à mon aspect.
Foin! que n'ai-je avec moi pris mon porte-respect!

Mais vienne qui voudra contre notre personne ;
J'ai deux bons pistolets, et mon épée est bonne.
Holà ! quelqu'un ; un mot.

SCÈNE X.

TRUFALDIN, à sa fenêtre; LÉLIE.

TRUFALDIN.

Qu'est-ce ? Qui me vient voir ?

LÉLIE.

Fermez soigneusement votre porte ce soir.

TRUFALDIN.

Pourquoi ?

LÉLIE.

Certaines gens font une mascarade
Pour vous venir donner une fâcheuse aubade ;
Ils veulent enlever votre Célie.

TRUFALDIN.

O dieux !

LÉLIE.

Et sans doute bientôt ils viendront en ces lieux :
Demeurez ; vous pourrez voir tout de la fenêtre.
Hé bien ! qu'avois-je dit ? Les voyez-vous paroître ?
Chut ! je veux à vos yeux leur en faire l'affront.
Nous allons voir beau jeu, si la corde ne rompt.

SCÈNE XI.

LÉLIE, TRUFALDIN; MASCARILLE et sa
SUITE, masqués.

TRUFALDIN.

O les plaisants robins, qui pensent me surprendre!
LÉLIE.
Masques, où courez-vous? Le pourroit-on apprendre?
Trufaldin, ouvrez-leur pour jouer un momon. [1]

(A Mascarille, déguisé en femme.)

Bon dieu! qu'elle est jolie, et qu'elle a l'air mignon!
Eh quoi! vous murmurez? Mais, sans vous faire outrage,
Peut-on lever le masque, et voir votre visage?
TRUFALDIN.
Allez, fourbes, méchants; retirez-vous d'ici,
Canaille. Et vous, seigneur, bonsoir, et grand merci.

SCÈNE XII.

LÉLIE, MASCARILLE.

LÉLIE, après avoir démasqué Mascarille.
Mascarille, est-ce toi?
MASCARILLE.
Nenni-dà; c'est quelque autre.
LÉLIE.
Hélas! quelle surprise! et quel sort est le nôtre!

[1] *Momon*, Mascarade. Selon Ménage, ce mot vient de *Momus*.

L'aurois-je deviné, n'étant point averti
Des secrètes raisons qui t'avoient travesti?
Malheureux que je suis d'avoir dessous ce masque
Été, sans y penser, te faire cette frasque!
Il me prendroit envie, en mon juste courroux,
De me battre moi-même et me donner cent coups.

MASCARILLE.

Adieu, sublime esprit, rare imaginative.

LÉLIE.

Las! si de ton secours ta colère me prive,
A quel saint me voûrai-je?

MASCARILLE.

Au grand diable d'enfer.

LÉLIE.

Ah! si ton cœur pour moi n'est de bronze ou de fer,
Qu'encore un coup du moins mon imprudence ait grace.
S'il faut, pour l'obtenir, que tes genoux j'embrasse,
Vois-moi...

MASCARILLE.

Tarare! Allons, camarades, allons;
J'entends venir des gens qui sont sur nos talons.

SCÈNE XIII.

LÉANDRE et SA SUITE, masqués; TRUFALDIN,
à sa fenêtre.

LÉANDRE.

Sans bruit, ne faisons rien que de la bonne sorte.

TRUFALDIN.

Quoi! masques toute nuit assiégeront ma porte!

Messieurs, ne gagnez point de rhumes à plaisir;
Tout cerveau qui le fait est, certes, de loisir.
Il est un peu trop tard pour enlever Célie;
Dispensez-l'en ce soir, elle vous en supplie :
La belle est dans le lit, et ne peut vous parler.
J'en suis fâché pour vous; mais, pour vous régaler
Du souci qui pour elle ici vous inquiète,
Elle vous fait présent de cette cassolette.
LÉANDRE.
Fi! cela sent mauvais, et je suis tout gâté.
Nous sommes découverts; tirons de ce côté.

FIN DU TROISIÈME ACTE.

ACTE QUATRIÈME.

SCÈNE I.

LÉLIE, déguisé en Arménien ; MASCARILLE.

MASCARILLE.

Vous voilà fagoté d'une plaisante sorte !
LÉLIE.
Tu ranimes par-là mon espérance morte.
MASCARILLE.
Toujours de ma colère on me voit revenir ;
J'ai beau jurer, pester, je ne m'en puis tenir.
LÉLIE.
Aussi crois, si jamais je suis dans la puissance,
Que tu seras content de ma reconnoissance ;
Et que, quand je n'aurois qu'un seul morceau de pain...
MASCARILLE.
Baste, songez à vous dans ce nouveau dessein.
Au moins, si l'on vous voit commettre une sottise,
Vous n'imputerez plus l'erreur à la surprise ;
Votre rôle en ce jeu par cœur doit être su.
LÉLIE.
Mais comment Trufaldin chez lui t'a-t-il reçu ?
MASCARILLE.
D'un zèle simulé j'ai bridé le bon sire :

Avec empressement je suis venu lui dire,
S'il ne songeoit à lui, que l'on le surprendroit;
Que l'on couchoit en joue, et de plus d'un endroit,
Celle dont il a vu qu'une lettre en avance
Avoit si faussement divulgué la naissance;
Qu'on avoit bien voulu m'y mêler quelque peu,
Mais que j'avois tiré mon épingle du jeu;
Et que, touché d'ardeur pour ce qui le regarde,
Je venois l'avertir de se donner de garde.
De là, moralisant, j'ai fait de grands discours
Sur les fourbes qu'on voit ici-bas tous les jours;
Que, pour moi, las du monde et de sa vie infame,
Je voulois travailler au salut de mon ame,
A m'éloigner du trouble, et pouvoir longuement
Près de quelque honnête homme être paisiblement;
Que, s'il le trouvoit bon, je n'aurois d'autre envie
Que de passer chez lui le reste de ma vie;
Et que même à tel point il m'avoit su ravir,
Que, sans lui demander gages pour le servir,
Je mettrois en ses mains, que je tenois certaines,
Quelque bien de mon père, et le fruit de mes peines,
Dont, avenant que Dieu de ce monde m'ôtât,
J'entendois tout de bon que lui seul héritât.
C'étoit le vrai moyen d'acquérir sa tendresse.
Et comme, pour résoudre avec votre maîtresse
Des biais qu'on doit prendre à terminer vos vœux,
Je voulois en secret vous aboucher tous deux;
Lui-même a su m'ouvrir une voie assez belle
De pouvoir hautement vous loger avec elle,
Venant m'entretenir d'un fils privé du jour,

Dont cette nuit en songe il a vu le retour :
A ce propos, voici l'histoire qu'il m'a dite,
Et sur quoi j'ai tantôt notre fourbe construite.

LÉLIE.

C'est assez, je sais tout : tu me l'as dit deux fois.

MASCARILLE.

Oui, oui ; mais, quand j'aurois passé jusques à trois,
Peut-être encor qu'avec toute sa suffisance
Votre esprit manquera dans quelque circonstance.

LÉLIE.

Mais à tant différer je me fais de l'effort.

MASCARILLE.

Ah ! de peur de tomber, ne courons pas si fort :
Voyez-vous ? vous avez la caboche un peu dure.
Rendez-vous affermi dessus cette aventure.
Autrefois Trufaldin de Naples est sorti,
Et s'appeloit alors Zanobio Ruberti.
Un parti qui causa quelque émeute civile,
Dont il fut seulement soupçonné dans sa ville
(De fait, il n'est pas homme à troubler un État),
L'obligea d'en sortir une nuit sans éclat.
Une fille fort jeune et sa femme laissées
A quelque temps de là se trouvant trépassées ;
Il en eut la nouvelle ; et, dans ce grand ennui,
Voulant dans quelque ville emmener avec lui,
Outre ses biens, l'espoir qui restoit de sa race,
Un sien fils écolier, qui se nommoit Horace,
Il écrit à Bologne, où, pour mieux être instruit,
Un certain maître Albert jeune l'avoit conduit.
Mais, pour se joindre tous, le rendez-vous qu'il donne

Durant deux ans entiers ne lui fit voir personne :
Si bien que, les jugeant morts après ce temps-là,
Il vint en cette ville, et prit le nom qu'il a,
Sans que de cet Albert, ni de ce fils Horace
Douze ans aient découvert jamais la moindre trace.
Voilà l'histoire en gros, redite seulement
Afin de vous servir ici de fondement.
Maintenant vous serez un marchand d'Arménie,
Qui les aurez vus sains l'un et l'autre en Turquie.
Si j'ai plus tôt qu'aucun un tel moyen trouvé
Pour les ressusciter sur ce qu'il a rêvé;
C'est qu'en fait d'aventure il est très-ordinaire
De voir gens pris sur mer par quelque Turc corsaire,
Puis être à leur famille à point nommé rendus,
Après quinze ou vingt ans qu'on les a crus perdus.
Pour moi, j'ai vu déja cent contes de la sorte.
Sans nous alambiquer, servons-nous-en; qu'importe?
Vous leur aurez ouï leur disgrace conter,
Et leur aurez fourni de quoi se racheter;
Mais que, parti plus tôt pour chose nécessaire,
Horace vous chargea de voir ici son père,
Dont il a su le sort, et chez qui vous devez
Attendre quelques jours qu'ils y soient arrivés.
Je vous ai fait tantôt des leçons étendues.

LÉLIE.

Ces répétitions ne sont que superflues :
Dès l'abord mon esprit a compris tout le fait.

MASCARILLE.

Je m'en vais là-dedans donner le premier trait.

LÉLIE.

Écoute, Mascarille; un seul point me chagrine.

S'il alloit de son fils me demander la mine?
MASCARILLE.
Belle difficulté! Devez-vous pas savoir
Qu'il étoit fort petit alors qu'il l'a pu voir?
Et puis, outre cela, le temps et l'esclavage
Pourroient-ils pas avoir changé tout son visage?
LÉLIE.
Il est vrai. Mais, dis-moi, s'il connoît qu'il m'a vu,
Que faire?
MASCARILLE.
De mémoire êtes-vous dépourvu?
Nous avons dit tantôt qu'outre que votre image
N'avoit dans son esprit pu faire qu'un passage,
Pour ne vous avoir vu que durant un moment,
Et le poil et l'habit déguisent grandement.
LÉLIE.
Fort bien. Mais, à propos, cet endroit de Turquie?
MASCARILLE.
Tout, vous dis-je, est égal, Turquie ou Barbarie.
LÉLIE.
Mais le nom de la ville où j'aurai pu les voir?
MASCARILLE.
Tunis. Il me tiendra, je crois, jusques au soir.
La répétition, dit-il, est inutile,
Et j'ai déja nommé douze fois cette ville.
LÉLIE.
Va, va-t'en commencer; il ne me faut plus rien.
MASCARILLE.
Au moins soyez prudent, et vous conduisez bien;
Ne donnez point ici de l'imaginative.

LÉLIE.

Laisse-moi gouverner. Que ton ame est craintive!

MASCARILLE.

Horace, dans Bologne écolier; Trufaldin,
Zanobio Ruberti, dans Naples citadin;
Le précepteur, Albert...

LÉLIE.

Ah! c'est me faire honte
Que de me tant prêcher! Suis-je un sot, à ton compte?

MASCARILLE.

Non, pas du tout, mais bien quelque chose approchant.

SCÈNE II.

LÉLIE.

Quand il m'est inutile, il fait le chien couchant;
Mais parce qu'il sent bien le secours qu'il me donne,
Sa familiarité jusque-là s'abandonne.
Je vais être de près éclairé des beaux yeux
Dont la force m'impose un joug si précieux;
Je m'en vais sans obstacle, avec des traits de flamme,
Peindre à cette beauté les tourments de mon ame;
Je saurai quel arrêt je dois... Mais les voici.

SCÈNE III.

TRUFALDIN, LÉLIE, MASCARILLE.

TRUFALDIN.

Sois béni, juste ciel, de mon sort adouci!

MASCARILLE.

C'est à vous de rêver et de faire des songes,
Puisqu'en vous il est faux que songes sont mensonges.

TRUFALDIN, à Lélie.

Quelle grace, quels biens vous rendrai-je, seigneur,
Vous que je dois nommer l'ange de mon bonheur?

LÉLIE.

Ce sont soins superflus, et je vous en dispense.

TRUFALDIN, à Mascarille.

J'ai, je ne sais pas où, vu quelque ressemblance
De cet Arménien.

MASCARILLE.

C'est ce que je disois;
Mais on voit des rapports admirables parfois.

TRUFALDIN.

Vous avez vu ce fils où mon espoir se fonde?

LÉLIE.

Oui, seigneur Trufaldin, le plus gaillard du monde.

TRUFALDIN.

Il vous a dit sa vie, et parlé fort de moi?

LÉLIE.

Plus de dix mille fois.

MASCARILLE.

Quelque peu moins, je croi.

LÉLIE.

Il vous a dépeint tel que je vous vois paroître,
Le visage, le port...

TRUFALDIN.

Cela pourroit-il être,
Si lorsqu'il m'a pu voir il n'avoit que sept ans,

ACTE IV, SCÈNE III.

Et si son précepteur même, depuis ce temps,
Auroit peine à pouvoir connoître mon visage?

MASCARILLE.

Le sang, bien autrement, conserve cette image;
Par des traits si profonds ce portrait est tracé,
Que mon père...

TRUFALDIN.

Suffit. Où l'avez-vous laissé?

LÉLIE.

En Turquie, à Turin.

TRUFALDIN.

Turin? Mais cette ville
Est, je pense, en Piémont.

MASCARILLE, à part.

O cerveau malhabile!

(A Trufaldin.)

Vous ne l'entendez pas; il veut dire Tunis;
Et c'est en effet là qu'il laissa votre fils :
Mais les Arméniens ont tous par habitude
Certain vice de langue à nous autres fort rude;
C'est que dans tous les mots ils changent *nis* en *rin*,
Et pour dire Tunis ils prononcent Turin.

TRUFALDIN.

Il falloit, pour l'entendre, avoir cette lumière.
Quel moyen vous dit-il de rencontrer son père?

MASCARILLE.

(A part.)   (A Trufaldin, après s'être escrimé.)
Voyez s'il répondra! Je repassois un peu
Quelque leçon d'escrime : autrefois en ce jeu
Il n'étoit point d'adresse à mon adresse égale,

Et j'ai battu le fer en mainte et mainte salle.

TRUFALDIN, à Mascarille.

Ce n'est pas maintenant ce que je veux savoir.

(A Lélie.)

Quel autre nom dit-il que je devois avoir?

MASCARILLE.

Ah! seigneur Zanobio Ruberti, quelle joie
Est celle maintenant que le ciel vous envoie!

LÉLIE.

C'est là votre vrai nom, et l'autre est emprunté.

TRUFALDIN.

Mais où vous a-t-il dit qu'il reçut la clarté?

MASCARILLE.

Naples est un séjour qui paroît agréable;
Mais pour vous ce doit être un lieu fort haïssable.

TRUFALDIN.

Ne peux-tu, sans parler, souffrir notre discours?

LÉLIE.

Dans Naples son destin a commencé son cours.

TRUFALDIN.

Où l'envoyai-je jeune, et sous quelle conduite?

MASCARILLE.

Ce pauvre maître Albert a beaucoup de mérite
D'avoir depuis Bologne accompagné ce fils
Qu'à sa discrétion vos soins avoient commis!

TRUFALDIN.

Ah!

MASCARILLE, à part.

Nous sommes perdus si cet entretien dure.

TRUFALDIN.

Je voudrois bien savoir de vous leur aventure,

ACTE IV, SCÈNE III.

Sur quel vaisseau le sort qui m'a su travailler...

MASCARILLE.

Je ne sais ce que c'est, je ne fais que bâiller.
Mais, seigneur Trufaldin, songez-vous que peut-être
Ce monsieur l'étranger a besoin de repaître,
Et qu'il est tard aussi ?

LÉLIE.

Pour moi point de repas.

MASCARILLE.

Ah ! vous avez plus faim que vous ne pensez pas.

TRUFALDIN.

Entrez donc.

LÉLIE.

Après vous.

MASCARILLE, à Trufaldin.

Monsieur, en Arménie,
Les maîtres du logis sont sans cérémonie.

(A Lélie, après que Trufaldin est entré dans sa maison.)

Pauvre esprit ! pas deux mots !

LÉLIE.

D'abord il m'a surpris ;
Mais n'appréhende plus, je reprends mes esprits,
Et m'en vais débiter avecque hardiesse...

MASCARILLE.

Voici notre rival, qui ne sait pas la pièce.

(Ils entrent dans la maison de Trufaldin.)

SCÈNE IV.

ANSELME, LÉANDRE.

ANSELME.

Arrêtez-vous, Léandre, et souffrez un discours
Qui cherche le repos et l'honneur de vos jours.
Je ne vous parle point en père de ma fille,
En homme intéressé pour ma propre famille,
Mais comme votre père ému pour votre bien,
Sans vouloir vous flatter et vous déguiser rien ;
Bref, comme je voudrois, d'une ame franche et pure,
Que l'on fît à mon sang en pareille aventure.
Savez-vous de quel œil chacun voit cet amour
Qui dedans une nuit vient d'éclater au jour ?
A combien de discours et de traits de risée
Votre entreprise d'hier est partout exposée ?
Quel jugement on fait du choix capricieux
Qui pour femme, dit-on, vous désigne en ces lieux
Un rebut de l'Égypte, une fille coureuse,
De qui le noble emploi n'est qu'un métier de gueuse ?
J'en ai rougi pour vous encor plus que pour moi,
Qui me trouve compris dans l'éclat que je vois ;
Moi, dis-je, dont la fille, à vos ardeurs promise,
Ne peut, sans quelque affront, souffrir qu'on la méprise.
Ah ! Léandre, sortez de cet abaissement ;
Ouvrez un peu les yeux sur votre aveuglement.
Si notre esprit n'est pas sage à toutes les heures,
Les plus courtes erreurs sont toujours les meilleures.

Quand on ne prend en dot que la seule beauté,
Le remords est bien près de la solennité;
Et la plus belle femme a très-peu de défense
Contre cette tiédeur qui suit la jouissance.
Je vous le dis encor, ces bouillants mouvements,
Ces ardeurs de jeunesse et ces emportements,
Nous font trouver d'abord quelques nuits agréables;
Mais ces félicités ne sont guère durables,
Et notre passion, alentissant son cours,
Après ces bonnes nuits, donne de mauvais jours:
De là viennent les soins, les soucis, les misères,
Les fils déshérités par le courroux des pères.

LÉANDRE.

Dans tout votre discours je n'ai rien écouté
Que mon esprit déja ne m'ait représenté.
Je sais combien je dois à cet honneur insigne
Que vous me voulez faire, et dont je suis indigne;
Et vois, malgré l'effort dont je suis combattu,
Ce que vaut votre fille, et quelle est sa vertu :
Aussi veux-je tâcher...

ANSELME.

On ouvre cette porte:
Retirons-nous plus loin, de crainte qu'il n'en sorte
Quelque secret poison dont vous seriez surpris.

SCÈNE V.

LÉLIE, MASCARILLE.

MASCARILLE.
Bientôt de notre fourbe on verra le débris,
Si vous continuez des sottises si grandes.
LÉLIE.
Dois-je éternellement ouïr tes réprimandes ?
De quoi te peux-tu plaindre ? Ai-je pas réussi
En tout ce que j'ai dit depuis ?
MASCARILLE.
Couci-couci :
Témoins les Turcs par vous appelés hérétiques,
Et que vous assurez par serments authentiques
Adorer pour leurs dieux la lune et le soleil.
Passe. Ce qui me donne un dépit nonpareil,
C'est qu'ici votre amour étrangement s'oublie ;
Près de Célie, il est ainsi que la bouillie,
Qui par un trop grand feu s'enfle, croît jusqu'aux bords,
Et de tous les côtés se répand au-dehors.
LÉLIE.
Pourroit-on se forcer à plus de retenue ?
Je ne l'ai presque point encore entretenue.
MASCARILLE.
Oui : mais ce n'est pas tout que de ne parler pas ;
Par vos gestes, durant un moment de repas,
Vous avez aux soupçons donné plus de matière
Que d'autres ne feroient dans une année entière.

LÉLIE.

Et comment donc?

MASCARILLE.

Comment? chacun a pu le voir.
A table, où Trufaldin l'oblige de se seoir,
Vous n'avez toujours fait qu'avoir les yeux sur elle,
Rouge, tout interdit, jouant de la prunelle,
Sans prendre jamais garde à ce qu'on vous servoit ;
Vous n'aviez point de soif qu'alors qu'elle buvoit ;
Et dans ses propres mains vous saisissant du verre,
Sans le vouloir rincer, sans rien jeter à terre,
Vous buviez sur son reste, et montriez d'affecter
Le côté qu'à sa bouche elle avoit su porter ;
Sur les morceaux touchés de sa main délicate,
Ou mordus de ses dents, vous étendiez la patte
Plus brusquement qu'un chat dessus une sourris,
Et les avaliez tous ainsi que des pois gris.
Puis, outre tout cela, vous faisiez sous la table
Un bruit, un triquetrac de pieds insupportable,
Dont Trufaldin, heurté de deux coups trop pressants,
A puni par deux fois deux chiens très-innocents,
Qui, s'ils eussent osé, vous eussent fait querelle.
Et puis, après cela, votre conduite est belle?
Pour moi, j'en ai souffert la gêne sur mon corps.
Malgré le froid, je sue encor de mes efforts.
Attaché dessus vous comme un joueur de boule
Après le mouvement de la sienne qui roule,
Je pensois retenir toutes vos actions,
En faisant de mon corps mille contorsions.

LÉLIE.

Mon dieu ! qu'il t'est aisé de condamner des choses
Dont tu ne ressens pas les agréables causes !
Je veux bien néanmoins, pour te plaire une fois,
Faire force à l'amour qui m'impose des lois.
Désormais...

SCÈNE VI.

TRUFALDIN, LÉLIE, MASCARILLE.

MASCARILLE.

Nous parlions des fortunes d'Horace.

TRUFALDIN.

(A Lélie.)

C'est bien fait. Cependant me ferez-vous la grace
Que je puisse lui dire un seul mot en secret ?

LÉLIE.

Il faudroit autrement être fort indiscret.

(Lélie entre dans la maison de Trufaldin.)

SCÈNE VII.

TRUFALDIN, MASCARILLE.

TRUFALDIN.

Écoute : sais-tu bien ce que je viens de faire ?

MASCARILLE.

Non ; mais, si vous voulez je ne tarderai guère,
Sans doute, à le savoir.

TRUFALDIN.

     D'un chêne grand et fort,
Dont près de deux cents ans ont déja fait le sort,
Je viens de détacher une branche admirable,
Choisie expressément de grosseur raisonnable,
Dont j'ai fait sur-le-champ, avec beaucoup d'ardeur,

    (Il montre son bras.)

Un bâton à peu près... oui, de cette grandeur,
Moins gros par l'un des bouts, mais plus que trente gaules,
Propre, comme je pense, à rosser les épaules;
Car il est bien en main, vert, noueux et massif.

MASCARILLE.

Mais pour qui, je vous prie, un tel préparatif?

TRUFALDIN.

Pour toi premièrement ; puis pour ce bon apôtre,
Qui veut m'en donner d'une, et m'en jouer d'une autre,
Pour cet Arménien, ce marchand déguisé,
Introduit sous l'appât d'un conte supposé.

MASCARILLE.

Quoi! vous ne croyez pas...?

TRUFALDIN.

      Ne cherche point d'excuse:
Lui-même heureusement a découvert sa ruse,
En disant à Célie, en lui serrant la main,
Que pour elle il venoit sous ce prétexte vain;
Il n'a pas aperçu Jeannette, ma fillole,
Laquelle a tout ouï parole pour parole :
Et je ne doute point, quoiqu'il n'en ait rien dit,
Que tu ne sois de tout le complice maudit.

MASCARILLE.

Ah! vous me faites tort! S'il faut qu'on vous affronte,
Croyez qu'il m'a trompé le premier à ce conte.

TRUFALDIN.

Veux-tu me faire voir que tu dis vérité?
Qu'à le chasser mon bras soit du tien assisté;
Donnons-en à ce fourbe et du long et du large;
Et de tout crime, après, mon esprit te décharge.

MASCARILLE.

Oui-dà, très-volontiers; je l'épousterai bien,
Et par là vous verrez que je n'y trempe en rien
      (A part.)
Ah! vous serez rossé, monsieur de l'Arménie,
Qui toujours gâtez tout!

SCÈNE VIII.

LÉLIE, TRUFALDIN, MASCARILLE.

TRUFALDIN, à Lélie, après avoir heurté à sa porte.
      Un mot, je vous supplie.
Donc, monsieur l'imposteur, vous osez aujourd'hui
Duper un honnête homme, et vous jouer de lui?

MASCARILLE.

Feindre avoir vu son fils en une autre contrée,
Pour vous donner chez lui plus librement entrée?

TRUFALDIN bat Lélie.

Vidons, vidons sur l'heure.

    LÉLIE, à Mascarille qui le bat aussi.
        Ah coquin!

ACTE IV, SCÈNE VIII.

MASCARILLE.

C'est ainsi
Que les fourbes...

LÉLIE.

Bourreau !

MASCARILLE.

Sont ajustés ici.
Gardez-moi bien cela.

LÉLIE.

Quoi donc ! je serois homme...

MASCARILLE, *le battant toujours et le chassant.*
Tirez, tirez, vous dis-je, ou bien je vous assomme.

TRUFALDIN.

Voilà qui me plaît fort, rentre, je suis content.

(*Mascarille suit Trufaldin qui rentre dans sa maison.*)

LÉLIE, *revenant.*

A moi par un valet cet affront éclatant !
L'auroit-on pu prévoir l'action de ce traître
Qui vient insolemment de maltraiter son maître ?

MASCARILLE, *à la fenêtre de Trufaldin.*
Peut-on vous demander comment va votre dos ?

LÉLIE.

Quoi ! tu m'oses encor tenir un tel propos ?

MASCARILLE.

Voilà, voilà que c'est de ne voir pas Jeannette,
Et d'avoir en tout temps une langue indiscrète.
Mais pour cette fois-ci je n'ai point de courroux,
Je cesse d'éclater, de pester contre vous ;
Quoique de l'action l'imprudence soit haute,
Ma main sur votre échine a lavé votre faute.

LÉLIE.
Ah! je me vengerai de ce trait déloyal.
MASCARILLE.
Vous vous êtes causé vous-même tout le mal.
LÉLIE.
Moi?
MASCARILLE.
Si vous n'étiez pas une cervelle folle,
Quand vous avez parlé naguère à votre idole,
Vous auriez aperçu Jeannette sur vos pas,
Dont l'oreille subtile a découvert le cas.
LÉLIE.
On auroit pu surprendre un mot dit à Célie?
MASCARILLE.
Et d'où doncques viendroit cette prompte sortie?
Oui, vous n'êtes dehors que par votre caquet.
Je ne sais si souvent vous jouez au piquet;
Mais au moins faites-vous des écarts admirables.
LÉLIE.
O le plus malheureux de tous les misérables!
Mais encore, pourquoi me voir chassé par toi?
MASCARILLE.
Je ne fis jamais mieux que d'en prendre l'emploi;
Par là, j'empêche au moins que de cet artifice
Je ne sois soupçonné d'être auteur ou complice.
LÉLIE.
Tu devois donc pour toi frapper plus doucement.
MASCARILLE.
Quelque sot. Trufaldin lorgnoit exactement:
Et puis, je vous dirai, sous ce prétexte utile,

ACTE IV, SCÈNE VIII.

Je n'étois point fâché d'évaporer ma bile.
Enfin, la chose est faite, et, si j'ai votre foi
Qu'on ne vous verra point vouloir venger sur moi,
Soit ou directement, ou par quelque autre voie,
Les coups sur votre râble assenés avec joie,
Je vous promets, aidé par le poste où je suis,
De contenter vos vœux avant qu'il soit deux nuits.

LÉLIE.

Quoique ton traitement ait un peu de rudesse,
Qu'est-ce que dessus moi ne peut cette promesse?

MASCARILLE.

Vous le promettez-donc?

LÉLIE.

Oui, je te le promets.

MASCARILLE.

Ce n'est pas encor tout : promettez que jamais
Vous ne vous mêlerez dans quoi que j'entreprenne.

LÉLIE.

Soit.

MASCARILLE.

Si vous y manquez, votre fièvre quartaine...

LÉLIE.

Mais tiens-moi donc parole, et songe à mon repos.

MASCARILLE.

Allez quitter l'habit et graisser votre dos.

LÉLIE, seul.

Faut-il que le malheur qui me suit à la trace
Me fasse voir toujours disgrace sur disgrace!

MASCARILLE, sortant de chez Trufaldin.

Quoi! vous n'êtes pas loin! sortez vite d'ici;

Mais surtout gardez-vous de prendre aucun souci.
Puisque je suis pour vous, que cela vous suffise :
N'aidez point mon projet de la moindre entreprise ;
Demeurez en repos.

LÉLIE, en sortant.

Oui, va, je m'y tiendrai.

MASCARILLE, seul.

Il faut voir maintenant quel biais je prendrai.

SCÈNE IX.

ERGASTE, MASCARILLE.

ERGASTE.

Mascarille, je viens te dire une nouvelle
Qui donne à tes desseins une atteinte cruelle.
A l'heure que je parle, un jeune Égyptien,
Qui n'est pas noir pourtant, et sent assez son bien,
Arrive accompagné d'une vieille fort hâve,
Et vient chez Trufaldin racheter cette esclave
Que vous vouliez : pour elle il paroît fort zélé.

MASCARILLE.

Sans doute c'est l'amant dont Célie a parlé.
Fut-il jamais destin plus brouillé que le nôtre !
Sortant d'un embarras, nous entrons dans un autre.
En vain nous apprenons que Léandre est au point
De quitter la partie, et ne nous troubler point ;
Que son père, arrivé contre toute espérance,
Du côté d'Hippolyte emporte la balance,
Qu'il a tout fait changer par son autorité,

Et va dès aujourd'hui conclure le traité :
Lorsqu'un rival s'éloigne, un autre plus funeste
S'en vient nous enlever tout l'espoir qui nous reste !
Toutefois, par un trait merveilleux de mon art,
Je crois que je pourrai retarder leur départ,
Et me donner le temps qui sera nécessaire
Pour tâcher de finir cette fameuse affaire.
Il s'est fait un grand vol : par qui ? l'on n'en sait rien.
Eux autres rarement passent pour gens de bien ;
Je veux adroitement, sur un soupçon frivole,
Faire pour quelques jours emprisonner ce drôle.
Je sais des officiers de justice altérés,
Qui sont pour de tels coups de vrais délibérés :
Dessus l'avide espoir de quelque paraguante, [1]
Il n'est rien que leur art aveuglément ne tente ;
Et du plus innocent, toujours à leur profit,
La bourse est criminelle, et paye son délit.

[1] *Paraguantes*, gratification que l'on donnait à ceux qui apportaient une bonne nouvelle. Ce mot, qui n'est plus en usage, était pris en mauvaise part. Il vient de l'espagnol *para* pour, *guante* gants.

FIN DU QUATRIÈME ACTE.

ACTE CINQUIÈME.

SCÈNE I.

MASCARILLE, ERGASTE.

MASCARILLE.

Ah chien ! ah double chien ! mâtine de cervelle,
Ta persécution sera-t-elle éternelle ?

ERGASTE.

Par les soins vigilants de l'exempt Balafré,
Ton affaire alloit bien, le drôle étoit coffré,
Si ton maître au moment ne fût venu lui-même,
En vrai désespéré, rompre ton stratagème :
Je ne saurois souffrir, a-t-il dit hautement,
Qu'un honnête homme soit traîné honteusement,
J'en réponds sur sa mine, et je le cautionne.
Et, comme on résistoit à lâcher sa personne,
D'abord il a chargé si bien sur les recors,
Qui sont gens d'ordinaire à craindre pour leur corps,
Qu'à l'heure que je parle ils sont encore en fuite,
Et pensent tous avoir un Lélie à leur suite.

MASCARILLE.

Le traître ne sait pas que cet Égyptien
Est déjà là-dedans pour lui ravir son bien.

ERGASTE.

Adieu. Certaine affaire à te quitter m'oblige.

SCÈNE II.

MASCARILLE.

Oui, je suis stupéfait de ce dernier prodige.
On diroit, et, pour moi, j'en suis persuadé,
Que ce démon brouillon dont il est possédé
Se plaise à me braver, et me l'aille conduire
Partout où sa présence est capable de nuire.
Pourtant je veux poursuivre, et, malgré tous ses coups,
Voir qui l'emportera de ce diable ou de nous.
Célie est quelque peu de notre intelligence,
Et ne voit son départ qu'avecque répugnance.
Je tâche à profiter de cette occasion...
Mais ils viennent : songeons à l'exécution.
Cette maison meublée est en ma bienséance,
Je puis en disposer avec grande licence :
Si le sort nous en dit, tout sera bien réglé ;
Nul que moi ne s'y tient, et j'en garde la clé.
O dieu ! qu'en peu de temps on a vu d'aventures ;
Et qu'un fourbe est contraint de prendre de figures !

SCÈNE III.

CÉLIE, ANDRÈS.

ANDRÈS.

Vous le savez, Célie, il n'est rien que mon cœur
N'ait fait pour vous prouver l'excès de son ardeur.

Chez les Vénitiens, dès un assez jeune âge,
La guerre en quelque estime avoit mis mon courage,
Et j'y pouvois un jour, sans trop croire de moi,
Prétendre, en les servant, un honorable emploi ;
Lorsqu'on me vit pour vous oublier toute chose,
Et que le prompt effet d'une métamorphose
Qui suivit de mon cœur le soudain changement
Parmi vos compagnons sut ranger votre amant ;
Sans que mille accidents, ni votre indifférence,
Aient pu me détacher de ma persévérance.
Depuis, par un hasard, d'avec vous séparé
Pour beaucoup plus de temps que je n'eusse auguré,
Je n'ai, pour vous rejoindre, épargné temps ni peine :
Enfin, ayant trouvé la vieille Égyptienne,
Et plein d'impatience apprenant votre sort,
Que, pour certain argent qui leur importoit fort,
Et qui de tous vos gens détourna le naufrage,
Vous aviez en ces lieux été mise en otage,
J'accours vite y briser ces chaînes d'intérêt,
Et recevoir de vous les ordres qu'il vous plaît.
Cependant on vous voit une morne tristesse
Alors que dans vos yeux doit briller l'allégresse.
Si pour vous la retraite avoit quelques appas,
Venise, du butin fait parmi les combats,
Me garde pour tous deux de quoi pouvoir y vivre :
Que si, comme devant, il vous faut encor suivre,
J'y consens, et mon cœur n'ambitionnera
Que d'être auprès de vous tout ce qu'il vous plaira.

CÉLIE.

Votre zèle pour moi visiblement éclate ;

Pour en paroître triste il faudroit être ingrate :
Et mon visage aussi, par son émotion,
N'explique point mon cœur en cette occasion ;
Une douleur de tête y peint sa violence ;
Et, si j'avois sur vous quelque peu de puissance,
Notre voyage, au moins pour trois ou quatre jours,
Attendroit que ce mal eût pris un autre cours.

ANDRÈS.

Autant que vous voudrez faites qu'il se diffère ;
Toutes mes volontés ne butent qu'à vous plaire.
Cherchons une maison à vous mettre en repos.
L'écriteau que voici s'offre tout à propos.

SCÈNE IV.

CÉLIE, ANDRÈS, MASCARILLE, déguisé en Suisse.

ANDRÈS.

Seigneur Suisse, êtes-vous de ce logis le maître ?

MASCARILLE.

Moi pour serfir à fous.

ANDRÈS.

Pourrions-nous y bien être ?

MASCARILLE.

Oui ; moi pour d'étrancher chappons champre garni.
Mas che nou point locher te gente méchant fi.

ANDRÈS.

Je crois votre maison franche de tout ombrage.

MASCARILLE.

Fous noufeau dans sti fil, moi foir à la fissage.

ANDRÈS.

Oui.

MASCARILLE.

La matame est-il mariache al monsieur?

ANDRÈS.

Quoi?

MASCARILLE.

S'il être son fame, ou s'il être son sœur?

ANDRÈS.

Non.

MASCARILLE.

Mon foi, pien choli. Fenir pour marchantice,
Ou bien pour temander à la palais choustice?
La procès il faut rien, il coûter tant t'archant!
La procurer larron, l'afocat pien méchant.

ANDRÈS.

Ce n'est pas pour cela.

MASCARILLE.

Fous tonc mener sti file
Pour fenir pourmener et recarter la file?

ANDRÈS.

(A Célie.)

Il n'importe. Je suis à vous dans un moment.
Je vais faire venir la vieille promptement,
Contremander aussi notre voiture prête.

MASCARILLE.

Li ne porte pas pien?

ANDRÈS.

Elle a mal à la tête.

MASCARILLE.

Moi chavoir de pon fin, et de fromache pon.
Entre fous, entre fous dans mon petit maison.

(Célie, Andrès et Mascarille entrent dans la maison.)

SCÈNE V.

LÉLIE.

Quel que soit le transport d'une ame impatiente,
Ma parole m'engage à rester en attente,
A laisser faire un autre, et voir, sans rien oser,
Comme de mes destins le ciel veut disposer.

SCÈNE VI.

ANDRÈS, LÉLIE.

LÉLIE, à Andrès qui sort de la maison.

Demandiez-vous quelqu'un dedans cette demeure?

ANDRÈS.

C'est un logis garni que j'ai pris tout à l'heure.

LÉLIE.

A mon père pourtant la maison appartient;
Et mon valet, la nuit, pour la garder s'y tient.

ANDRÈS.

Je ne sais : l'écriteau marque au moins qu'on la loue.
Lisez.

LÉLIE.

Certes, ceci me surprend, je l'avoue.

Qui diantre l'auroit mis? et par quel intérêt...
Ah! ma foi, je devine à peu près ce que c'est:
Cela ne peut venir que de ce que j'augure.

ANDRÈS.

Peut-on vous demander quelle est cette aventure?

LÉLIE.

Je voudrois à tout autre en faire un grand secret;
Mais pour vous il n'importe, et vous serez discret.
Sans doute l'écriteau que vous voyez paroître,
Comme je conjecture au moins, ne sauroit être
Que quelque invention du valet que je di,
Que quelque nœud subtil qu'il doit avoir ourdi
Pour mettre en mon pouvoir certaine Égyptienne
Dont j'ai l'ame piquée, et qu'il faut que j'obtienne.
Je l'ai déja manquée, et même plusieurs coups.

ANDRÈS.

Vous l'appelez?

LÉLIE.

  Célie.

ANDRÈS.

    Hé! que ne disiez-vous?
Vous n'aviez qu'à parler, je vous aurois sans doute
Epargné tous les soins que ce projet vous coûte.

LÉLIE.

Quoi! vous la connoissez?

ANDRÈS.

    C'est moi qui maintenant
Viens de la racheter.

LÉLIE.

  O discours surprenant!

ANDRÈS.

Sa santé de partir ne nous pouvant permettre,
Au logis que voilà je venois de la mettre;
Et je suis très-ravi, dans cette occasion,
Que vous m'ayez instruit de votre intention.

LÉLIE.

Quoi! j'obtiendrois de vous le bonheur que j'espère?
Vous pourriez...?

ANDRÈS, allant frapper à la porte.
Tout à l'heure on va vous satisfaire.

LÉLIE.

Que pourrai-je vous dire? et quel remercîment...?

ANDRÈS.

Non, ne m'en faites point, je n'en veux nullement.

SCÈNE VII.

LÉLIE, ANDRÈS, MASCARILLE.

MASCARILLE, à part.

Hé bien! ne voilà pas mon enragé de maître!
Il va nous faire encor quelque nouveau bisêtre.

LÉLIE.

Sous ce grotesque habit qui l'auroit reconnu?
Approche, Mascarille, et sois le bienvenu.

MASCARILLE.

Moi souisse ein chant t'honneur, moi non pas maquerille,
Chai point fentre chamais le femme ni le fille.

LÉLIE.

Le plaisant baragouin! Il est bon, sur ma foi!

MASCARILLE.

Allez fous pourmener, sans toi rire te moi.

LÉLIE.

Va, va, lève le masque et reconnois ton maître.

MASCARILLE.

Partieu, tiable, mon foi, chamais toi chai connoitre.

LÉLIE.

Tout est accommodé, ne te déguise point.

MASCARILLE.

Si toi point en aller, chai paille ein cou te poing.

LÉLIE.

Ton jargon allemand est superflu, te dis-je;
Car nous sommes d'accord, et sa bonté m'oblige.
J'ai tout ce que mes vœux lui peuvent demander,
Et tu n'as pas sujet de rien appréhender.

MASCARILLE.

Si vous êtes d'accord par un bonheur extrême,
Je me dessuisse donc, et redeviens moi-même.

ANDRÈS.

Ce valet vous servoit avec beaucoup de feu.
Mais je reviens à vous, demeurez quelque peu.

SCÈNE VIII.

LÉLIE, MASCARILLE.

LÉLIE.

Hé bien! que diras-tu?

MASCARILLE.

Que j'ai l'ame ravie

De voir d'un beau succès notre peine suivie.
LÉLIE.
Tu feignois à sortir de ton déguisement,
Et ne pouvois me croire en cet événement.
MASCARILLE.
Comme je vous connois, j'étois dans l'épouvante,
Et trouve l'aventure aussi fort surprenante.
LÉLIE.
Mais confesse qu'enfin c'est avoir fait beaucoup.
Au moins j'ai réparé mes fautes à ce coup,
Et j'aurai cet honneur d'avoir fini l'ouvrage.
MASCARILLE.
Soit, vous aurez été bien plus heureux que sage.

SCÈNE IX.
CÉLIE, ANDRÈS, LÉLIE, MASCARILLE.

ANDRÈS.
N'est-ce pas là l'objet dont vous m'avez parlé?
LÉLIE.
Ah! quel bonheur au mien pourroit être égalé!
ANDRÈS.
Il est vrai, d'un bienfait je vous suis redevable;
Si je ne l'avouois, je serois condamnable :
Mais enfin ce bienfait auroit trop de rigueur,
S'il falloit le payer aux dépens de mon cœur.
Jugez, dans le transport où sa beauté me jette,
Si je dois à ce prix vous acquitter ma dette;
Vous êtes généreux, vous ne le voudriez pas.
Adieu pour quelques jours : retournons sur nos pas.

SCÈNE X.

LÉLIE, MASCARILLE.

MASCARILLE, après avoir chanté.
Je chante, et toutefois je n'en ai guère envie.
Vous voilà bien d'accord, il vous donne Célie :
Hem, vous m'entendez bien.

LÉLIE.

C'est trop, je ne veux plus
Te demander pour moi des secours superflus.
Je suis un chien, un traître, un bourreau détestable,
Indigne d'aucun soin, de rien faire incapable.
Va, cesse tes efforts pour un malencontreux
Qui ne sauroit souffrir que l'on le rende heureux.
Après tant de malheurs, après mon imprudence,
Le trépas me doit seul prêter son assistance.

SCÈNE XI.

MASCARILLE.

Voilà le vrai moyen d'achever son destin;
Il ne lui manque plus que de mourir enfin
Pour le couronnement de toutes ses sottises.
Mais en vain son dépit pour ses fautes commises
Lui fait licencier mes soins et mon appui;
Je veux, quoi qu'il en soit, le servir malgré lui,

Et dessus son lutin obtenir la victoire.
Plus l'obstacle est puissant, plus on reçoit de gloire :
Et les difficultés dont on est combattu
Sont les dames d'atour qui parent la vertu.

SCÈNE XII.

CÉLIE, MASCARILLE.

CÉLIE, à Mascarille qui lui a parlé bas.
Quoi que tu veuilles dire, et que l'on se propose,
De ce retardement j'attends fort peu de chose.
Ce qu'on voit de succès peut bien persuader
Qu'ils ne sont pas encor fort près de s'accorder :
Et je t'ai déja dit qu'un cœur comme le nôtre
Ne voudroit pas pour l'un faire injustice à l'autre;
Et que très-fortement par de différents nœuds
Je me trouve attachée au parti de tous deux.
Si Lélie a pour lui l'amour et sa puissance,
Andrès pour son partage a la reconnoissance,
Qui ne souffrira point que mes pensers secrets
Consultent jamais rien contre ses intérêts :
Oui, s'il ne peut avoir plus de place en mon ame,
Si le don de mon cœur ne couronne sa flamme,
Au moins dois-je le prix à ce qu'il fait pour moi
De n'en choisir point d'autre au mépris de sa foi,
Et de faire à mes vœux autant de violence
Que j'en fais aux desirs qu'il met en évidence.
Sur ces difficultés qu'oppose mon devoir,
Juge ce que tu peux te permettre d'espoir.

MASCARILLE.

Ce sont, à dire vrai, de très-fâcheux obstacles ;
Et je ne sais point l'art de faire des miracles :
Mais je vais employer mes efforts plus puissants,
Remuer terre et ciel, m'y prendre de tous sens,
Pour tâcher de trouver un biais salutaire,
Et vous dirai bientôt ce qui se pourra faire.

SCÈNE XIII.

HIPPOLYTE, CÉLIE.

HIPPOLYTE.

Depuis votre séjour, les dames de ces lieux
Se plaignent justement des larcins de vos yeux,
Si vous leur dérobez leurs conquêtes plus belles,
Et de tous leurs amants faites des infidèles :
Il n'est guère de cœurs qui puissent échapper
Aux traits dont à l'abord vous savez les frapper ;
Et mille libertés à vos chaînes offertes
Semblent vous enrichir chaque jour de nos pertes.
Quant à moi, toutefois je ne me plaindrois pas
Du pouvoir absolu de vos rares appas,
Si, lorsque mes amants sont devenus les vôtres,
Un seul m'eût consolé de la perte des autres :
Mais qu'inhumainement vous me les ôtiez tous,
C'est un dur procédé dont je me plains à vous.

CÉLIE.

Voilà d'un air galant faire une raillerie :

Mais épargnez un peu celle qui vous en prie.
Vos yeux, vos propres yeux se connoissent trop bien
Pour pouvoir de ma part redouter jamais rien ;
Ils sont fort assurés du pouvoir de leurs charmes,
Et ne prendront jamais de pareilles alarmes.

HIPPOLYTE.

Pourtant en ce discours je n'ai rien avancé
Qui dans tous les esprits ne soit déja passé ;
Et, sans parler du reste, on sait bien que Célie
A causé des desirs à Léandre et Lélie.

CÉLIE.

Je crois qu'étant tombés dans cet aveuglement
Vous vous consoleriez de leur perte aisément,
Et trouveriez pour vous l'amant peu souhaitable
Qui d'un si mauvais choix se trouveroit capable.

HIPPOLYTE.

Au contraire, j'agis d'un air tout différent,
Et trouve en vos beautés un mérite si grand,
J'y vois tant de raisons capables de défendre
L'inconstance de ceux qui s'en laissent surprendre,
Que je ne puis blâmer la nouveauté des feux
Dont envers moi Léandre a parjuré ses vœux,
Et le vais voir tantôt, sans haine et sans colère,
Ramené sous mes lois par le pouvoir d'un père.

SCÈNE XIV.

CÉLIE, HIPPOLYTE, MASCARILLE.

MASCARILLE.

Grande, grande nouvelle, et succès surprenant
Que ma bouche vous vient annoncer maintenant!

CÉLIE.

Qu'est-ce donc?

MASCARILLE.

Écoutez, voici sans flatterie....

CÉLIE.

Quoi?

MASCARILLE.

La fin d'une vraie et pure comédie.
La vieille Égyptienne à l'heure même...

CÉLIE.

Hé bien?

MASCARILLE.

Passoit dedans la place et ne songeoit à rien,
Alors qu'une autre vieille assez défigurée,
L'ayant de près au nez long-temps considérée,
Par un bruit enroué de mots injurieux
A donné le signal d'un combat furieux,
Qui pour armes pourtant, mousquets, dagues ou flèches,
Ne faisoit voir en l'air que quatre griffes sèches,
Dont ces deux combattans s'efforçoient d'arracher
Ce peu que sur leurs os les ans laissent de chair.
On n'entend que ces mots, chienne, louve, bagasse.

ACTE V, SCÈNE XIV.

D'abord leurs escoffions [1] ont volé par la place,
Et, laissant voir à nu deux têtes sans cheveux,
Ont rendu le combat risiblement affreux.
Andrès et Trufaldin, à l'éclat du murmure,
Ainsi que force monde, accourus d'aventure,
Ont à les décharpir [2] eu de la peine assez,
Tant leurs esprits étoient par la fureur poussés.
Cependant que chacune, après cette tempête,
Songe à cacher aux yeux la honte de sa tête,
Et que l'on veut savoir qui causoit cette humeur,
Celle qui la première avoit fait la rumeur,
Malgré la passion dont elle étoit émue,
Ayant sur Trufaldin tenu long-temps la vue :
C'est vous, si quelque erreur n'abuse ici mes yeux,
Qu'on m'a dit qui vivez inconnu dans ces lieux,
A-t-elle dit tout haut. O rencontre opportune !
Oui, seigneur Zanobio Ruberti, la fortune
Me fait vous reconnoître ; et dans le même instant
Que pour votre intérêt je me tourmentois tant
Lorsque Naples vous vit quitter votre famille,
J'avois, vous le savez, en mes mains votre fille,
Dont j'élevois l'enfance, et qui, par mille traits,
Faisoit voir dès quatre ans sa grace et ses attraits.
Celle que vous voyez, cette infame sorcière,
Dedans notre maison se rendant familière,
Me vola ce trésor. Hélas ! de ce malheur

---

1 *Escoffions*, espèces de coiffes que portaient les femmes de ce temps là.

2 *Décharpir*, vieux mot qui signifiait *séparer*.

Votre femme, je crois, conçut tant de douleur,
Que cela servit fort pour avancer sa vie.
Si bien qu'entre mes mains cette fille ravie
Me faisant redouter un reproche fâcheux,
Je vous fis annoncer la mort de toutes deux.
Mais il faut maintenant, puisque je l'ai connue,
Qu'elle fasse savoir ce qu'elle est devenue.

 Au nom de Zanobio Ruberti, que sa voix
Pendant tout ce récit répétoit plusieurs fois,
Andrès, ayant changé quelque temps de visage,
A Trufaldin surpris a tenu ce langage :
Quoi donc ! le ciel me fait trouver heureusement
Celui que jusqu'ici j'ai cherché vainement,
Et que j'avois pu voir sans pourtant reconnoître,
La source de mon sang et l'auteur de mon être !
Oui, mon père, je suis Horace votre fils.
D'Albert, qui me gardoit, les jours étant finis,
Me sentant naître au cœur d'autres inquiétudes,
Je sortis de Bologne, et, quittant mes études,
Portai durant six ans mes pas en divers lieux,
Selon que me poussoit un desir curieux.
Pourtant, après ce temps, une secrète envie
Me pressa de revoir les miens et ma patrie :
Mais dans Naples, hélas ! je ne vous trouvai plus,
Et n'y sus votre sort que par des bruits confus.
Si bien qu'à votre quête ayant perdu mes peines,
Venise pour un temps borna mes courses vaines :
Et j'ai vécu depuis sans que de ma maison
J'eusse d'autres clartés que d'en savoir le nom.

 Je vous laisse à juger si, pendant ces affaires,

Trufaldin ressentoit des transports ordinaires.
Enfin, pour retrancher ce que plus à loisir
Vous aurez le moyen de vous faire éclaircir
Par la confession de votre Égyptienne,
Trufaldin maintenant vous reconnoît pour sienne;
Andrès est votre frère; et, comme de sa sœur
Il ne peut plus songer à se voir possesseur,
Une obligation qu'il prétend reconnoître
A fait qu'il vous obtient pour épouse à mon maître,
Dont le père, témoin de tout l'événement,
Donne à cet hyménée un plein consentement,
Et, pour mettre une joie entière en sa famille,
Pour le nouvel Horace a proposé sa fille.
Voyez que d'incidents à la fois enfantés!

CÉLIE.

Je demeure immobile à tant de nouveautés.

MASCARILLE.

Tous viennent sur mes pas, hors les deux championnes,
Qui du combat encor remettent leurs personnes.
Léandre est de la troupe, et votre père aussi.
Moi, je vais avertir mon maître de ceci,
Et que, lorsqu'à ses vœux on croit le plus d'obstacle,
Le ciel en sa faveur produit comme un miracle.

(Mascarille sort.)

HIPPOLYTE.

Un tel ravissement rend mes esprits confus,
Que pour mon propre sort je n'en aurois pas plus...
Mais les voici venir.

SCÈNE XV.

TRUFALDIN, ANSELME, PANDOLFE, CÉLIE, HIPPOLYTE, LÉANDRE, ANDRÈS.

TRUFALDIN.
Ah! ma fille!
CÉLIE.
Ah! mon père!
TRUFALDIN.
Sais-tu déja comment le ciel nous est prospère?
CÉLIE.
J'en viens d'entendre ici le succès merveilleux.
HIPPOLYTE, à Léandre.
En vain vous parleriez pour excuser vos feux,
Si j'ai devant les yeux ce que vous pouvez dire.
LÉANDRE.
Un généreux pardon est ce que je desire:
Mais j'atteste les cieux qu'en ce retour soudain
Mon père fait bien moins que mon propre dessein.
ANDRÈS, à Célie.
Qui l'auroit jamais cru que cette ardeur si pure
Pût être condamnée un jour par la nature!
Toutefois tant d'honneur la sut toujours régir,
Qu'en y changeant fort peu je puis la retenir.
CÉLIE.
Pour moi, je me blâmois et croyois faire faute
Quand je n'avois pour vous qu'une estime très-haute:
Je ne pouvois savoir quel obstacle puissant

M'arrêtoit sur un pas si doux et si glissant,
Et détournoit mon cœur de l'aveu d'une flamme
Que mes sens s'efforçoient d'introduire en mon ame.

TRUFALDIN, à Célie.

Mais, en te recouvrant, que diras-tu de moi,
Si je songe aussitôt à me priver de toi,
Et t'engage à son fils sous les lois d'hyménée?

CÉLIE.

Que de vous maintenant dépend ma destinée.

SCÈNE XVI.

TRUFALDIN, ANSELME, PANDOLFE, CÉLIE, HIPPOLYTE, LÉLIE, LÉANDRE, ANDRÈS, MASCARILLE.

MASCARILLE, à Lélie.

Voyons si votre diable aura bien le pouvoir
De détruire à ce coup un si solide espoir,
Et si, contre l'excès du bien qui nous arrive,
Vous armerez encor votre imaginative.
Par un coup imprévu des destins les plus doux,
Vos vœux sont couronnés, et Célie est à vous.

LÉLIE.

Croirai-je que du ciel la puissance absolue...?

TRUFALDIN.

Oui, mon gendre, il est vrai.

PANDOLFE.
                La chose est résolue.

ANDRÈS, à Lélie.

Je m'acquitte par là de ce que je vous dois.

LÉLIE, à Mascarille.

Il faut que je t'embrasse et mille et mille fois.
Dans cette joie...

MASCARILLE.

Aie! aie! doucement, je vous prie.
Il m'a presque étouffé. Je crains fort pour Célie,
Si vous la caressez avec tant de transport.
De vos embrassements on se passeroit fort.

TRUFALDIN, à Lélie.

Vous savez le bonheur que le ciel me renvoie.
Mais puisqu'un même jour nous met tous dans la joie,
Ne nous séparons point qu'il ne soit terminé;
Et que son père aussi nous soit vite amené.

MASCARILLE.

Vous voilà tous pourvus. N'est-il point quelque fille
Qui pût accommoder le pauvre Mascarille?
A voir chacun se joindre à sa chacune ici,
J'ai des démangeaisons de mariage aussi.

ANSELME.

J'ai ton fait.

MASCARILLE.

Allons donc; et que les cieux prospères
Nous donnent des enfants dont nous soyons les pères!

FIN DE L'ÉTOURDI.

LE
DÉPIT AMOUREUX,

COMÉDIE

EN CINQ ACTES ET EN VERS,

Représentée pour la première fois à Béziers en 1654; et à Paris, sur le théâtre du Petit-Bourbon, en décembre 1658.

PERSONNAGES.

ALBERT, père de Lucile et d'Ascagne.
POLIDORE, père de Valère.
LUCILE, fille d'Albert.
ASCAGNE, fille d'Albert, déguisée en homme.
ÉRASTE, amant de Lucile.
VALÈRE, fils de Polidore.
MARINETTE, suivante de Lucile.
FROSINE, confidente d'Ascagne.
MÉTAPHRASTE, pédant.
GROS-RENÉ, valet d'Éraste.
MASCARILLE, valet de Valère.
LA RAPIÈRE, bretteur.

La scène est à Paris.

LE
DÉPIT AMOUREUX.

ACTE PREMIER.

SCÈNE I.

ÉRASTE, GROS-RENÉ.

ÉRASTE.

Veux-tu que je te die? une atteinte secrète
Ne laisse point mon ame en une bonne assiette :
Oui, quoi qu'à mon amour tu puisses repartir,
Il craint d'être la dupe, à ne te point mentir;
Qu'en faveur d'un rival ta foi ne se corrompe,
Ou du moins qu'avec moi toi-même on ne te trompe.

GROS-RENÉ.

Pour moi, me soupçonner de quelque mauvais tour,
Je dirai, n'en déplaise à monsieur votre amour,
Que c'est injustement blesser ma prud'homie,
Et se connoître mal en physionomie.
Les gens de mon minois ne sont point accusés
D'être, graces à Dieu, ni fourbes, ni rusés.

Cet honneur qu'on nous fait, je ne le démens guères,
Et suis homme fort rond de toutes les manières.
Pour que l'on me trompât, cela se pourroit bien,
Le doute est mieux fondé, pourtant je n'en crois rien.
Je ne vois point encore, ou je suis une bête,
Sur quoi vous avez pu prendre martel en tête.
Lucile, à mon avis, vous montre assez d'amour;
Elle vous voit, vous parle à toute heure du jour;
Et Valère, après tout, qui cause votre crainte,
Semble n'être à présent souffert que par contrainte.

ÉRASTE.

Souvent d'un faux espoir un amant est nourri,
Le mieux reçu toujours n'est pas le plus chéri;
Et tout ce que d'ardeur font paroître les femmes
Parfois n'est qu'un beau voile à couvrir d'autres flammes.
Valère enfin, pour être un amant rebuté,
Montre depuis un temps trop de tranquillité;
Et ce qu'à ces faveurs dont tu crois l'apparence
Il témoigne de joie ou bien d'indifférence
M'empoisonne à tous coups leurs plus charmants appas,
Me donne ce chagrin que tu ne comprends pas,
Tient mon bonheur en doute, et me rend difficile
Une entière croyance aux propos de Lucile.
Je voudrois, pour trouver un tel destin bien doux,
Y voir entrer un peu de son transport jaloux;
Et, sur ses déplaisirs et son impatience,
Mon ame prendroit lors une pleine assurance.
Toi-même penses-tu qu'on puisse, comme il fait,
Voir chérir un rival d'un esprit satisfait?
Et si tu n'en crois rien, dis-moi, je t'en conjure,

ACTE I, SCÈNE I.

Si j'ai lieu de rêver dessus cette aventure.
GROS-RENÉ.
Peut-être que son cœur a changé de desirs,
Connoissant qu'il poussoit d'inutiles soupirs.
ÉRASTE.
Lorsque par les rebuts une ame est détachée,
Elle veut fuir l'objet dont elle fut touchée,
Et ne rompt point sa chaîne avec si peu d'éclat,
Qu'elle puisse rester en un paisible état :
De ce qu'on a chéri la fatale présence
Ne nous laisse jamais dedans l'indifférence ;
Et, si de cette vue on n'accroît son dédain,
Notre amour est bien près de nous rentrer au sein.
Enfin, crois-moi, si bien qu'on éteigne une flamme,
Un peu de jalousie occupe encore une ame ;
Et l'on ne sauroit voir, sans en être piqué,
Possédé par un autre un cœur qu'on a manqué.
GROS-RENÉ.
Pour moi, je ne sais point tant de philosophie ;
Ce que voyent mes yeux, franchement je m'y fie,
Et ne suis point de moi si mortel ennemi,
Que je m'aille affliger sans sujet ni demi :
Pourquoi subtiliser, et faire le capable
A chercher des raisons pour être misérable ?
Sur des soupçons en l'air je m'irois alarmer !
Laissons venir la fête avant que la chômer.
Le chagrin me paroît une incommode chose :
Je n'en prends point, pour moi, sans bonne et juste cause ;
Et mêmes à mes yeux cent sujets d'en avoir
S'offrent le plus souvent, que je ne veux pas voir.

Avec vous en amour je cours même fortune ;
Celle que vous aurez me doit être commune :
La maîtresse ne peut abuser votre foi,
Au moins, que la suivante en fasse autant pour moi ;
Mais j'en fuis la pensée avec un soin extrême.
Je veux croire les gens, quand on me dit : Je t'aime ;
Et ne vais point chercher, pour m'estimer heureux,
Si Mascarille ou non s'arrache les cheveux.
Que tantôt Marinette endure qu'à son aise
Jodelet par plaisir la caresse et la baise,
Et que ce beau rival en rie ainsi qu'un fou ;
A son exemple aussi j'en rirai tout mon soûl,
Et l'on verra qui rit avec meilleure grace.

ÉRASTE.

Voilà de tes discours.

GROS-RENÉ.

Mais je la vois qui passe.

SCÈNE II.

ÉRASTE, MARINETTE, GROS-RENÉ.

GROS-RENÉ.

S't, Marinette !

MARINETTE.

Ho, ho ! que fais-tu là ?

GROS-RENÉ.

Ma foi,
Demande ; nous étions tout-à-l'heure sur toi.

MARINETTE.

Vous êtes aussi là, monsieur! Depuis une heure
Vous m'avez fait trotter comme un Basque, ou je meure.

ÉRASTE.

Comment?

MARINETTE.

Pour vous chercher j'ai fait dix mille pas,
Et vous promets, ma foi...

ÉRASTE.

Quoi?

MARINETTE.

Que vous n'êtes pas
Au temple, au cours, chez vous, ni dans la grande place.

GROS-RENÉ.

Il en falloit jurer.

ÉRASTE.

Apprends-moi donc, de grace,
Qui te fait me chercher.

MARINETTE.

Quelqu'un, en vérité,
Qui pour vous n'a pas trop mauvaise volonté;
Ma maîtresse, en un mot.

ÉRASTE.

Ah! chère Marinette,
Ton discours de son cœur est-il bien l'interprète?
Ne me déguise point un mystère fatal;
Je ne t'en voudrai pas pour cela plus de mal :
Au nom des dieux, dis-moi si ta belle maîtresse
N'abuse point mes vœux d'une fausse tendresse.

MARINETTE.

Hé, hé! d'où vous vient donc ce plaisant mouvement?
Elle ne fait pas voir assez son sentiment!
Quel garant est-ce encor que votre amour demande?
Que lui faut-il?

GROS-RENÉ.

A moins que Valère se pende,
Bagatelle, son cœur ne s'assurera point.

MARINETTE.

Comment?

GROS-RENÉ.

Il est jaloux jusques en un tel point.

MARINETTE.

De Valère? ah! vraiment la pensée est bien belle!
Elle peut seulement naître en votre cervelle.
Je vous croyois du sens, et jusqu'à ce moment
J'avois de votre esprit quelque bon sentiment;
Mais, à ce que je vois, je m'étois fort trompée.
Ta tête de ce mal est-elle aussi frappée?

GROS-RENÉ.

Moi, jaloux! Dieu m'en garde, et d'être assez badin
Pour m'aller amaigrir avec un tel chagrin!
Outre que de ton cœur ta foi me cautionne,
L'opinion que j'ai de moi-même est trop bonne
Pour croire auprès de moi que quelque autre te plût.
Où diantre pourrois-tu trouver qui me valût?

MARINETTE.

En effet, tu dis bien; voilà comme il faut être.
Jamais de ces soupçons qu'un jaloux fait paroître :
Tout le fruit qu'on en cueille, est de se mettre mal,

ACTE I, SCÈNE II.

Et d'avancer par là les desseins d'un rival.
Au mérite souvent de qui l'éclat vous blesse
Vos chagrins font ouvrir les yeux d'une maîtresse;
Et j'en sais tel qui doit son destin le plus doux
Aux soins trop inquiets de son rival jaloux.
Enfin, quoi qu'il en soit, témoigner de l'ombrage,
C'est jouer en amour un mauvais personnage,
Et se rendre, après tout, misérable à crédit.
Cela, seigneur Éraste, en passant vous soit dit.

ÉRASTE.

Hé bien, n'en parlons plus. Que venois-tu m'apprendre ?

MARINETTE.

Vous mériteriez bien que l'on vous fît attendre,
Qu'afin de vous punir je vous tinsse caché
Le grand secret pourquoi je vous ai tant cherché.
Tenez, voyez ce mot, et sortez hors de doute.
Lisez-le donc tout haut, personne ici n'écoute.

ÉRASTE lit.

« Vous m'avez dit que votre amour
 « Étoit capable de tout faire;
« Il se couronnera lui-même dans ce jour,
 « S'il peut avoir l'aveu d'un père.
« Faites parler les droits qu'on a dessus mon cœur,
 « Je vous en donne la licence;
 « Et, si c'est en votre faveur,
 « Je vous réponds de mon obéissance. »

Ah quel bonheur! O toi, qui me l'as apporté,
Je te dois regarder comme une déité !

GROS-RENÉ.

Je vous le disois bien : contre votre croyance,

Je ne me trompe guère aux choses que je pense.

ÉRASTE lit.

« Faites parler les droits qu'on a dessus mon cœur,
    « Je vous en donne la licence ;
    « Et, si c'est en votre faveur,
  « Je vous réponds de mon obéissance. »

MARINETTE.

Si je lui rapportois vos foiblesses d'esprit,
Elle désavoûroit bientôt un tel écrit.

ÉRASTE.

Ah ! cache-lui, de grace, une peur passagère
Où mon ame a cru voir quelque peu de lumière ;
Ou, si tu la lui dis, ajoute que ma mort
Est prête d'expirer l'erreur de ce transport ;
Que je vais à ses pieds, si j'ai pu lui déplaire,
Sacrifier ma vie à sa juste colère.

MARINETTE.

Ne parlons point de mort, ce n'en est pas le temps.

ÉRASTE.

Au reste, je te dois beaucoup, et je prétends
Reconnoitre dans peu, de la bonne manière,
Les soins d'une si noble et si belle courrière.

MARINETTE.

A propos, savez-vous où je vous ai cherché
Tantôt encore ?

ÉRASTE.

    Hé bien ?

MARINETTE.

              Tout proche du marché,
Où vous savez.

ÉRASTE.

Où donc?

MARINETTE.

Là... dans cette boutique
Où dès le mois passé votre cœur magnifique
Me promit, de sa grace, un bague.

ÉRASTE.

Ah! j'entends.

GROS-RENÉ.

La matoise!

ÉRASTE.

Il est vrai, j'ai tardé trop long-temps
A m'acquitter vers toi d'une telle promesse.
Mais...

MARINETTE.

Ce que j'en ai dit n'est pas que je vous presse.

GROS-RENÉ.

Ho! que non!

ÉRASTE *lui donne sa bague.*

Celle-ci peut-être aura de quoi
Te plaire; accepte-la pour celle que je doi.

MARINETTE.

Monsieur, vous vous moquez; j'aurois honte à la prendre.

GROS-RENÉ.

Pauvre honteuse, prends, sans davantage attendre;
Refuser ce qu'on donne est bon à faire aux fous.

MARINETTE.

Ce sera pour garder quelque chose de vous.

ÉRASTE.

Quand puis-je rendre grace à cet ange adorable?

MARINETTE.
Travaillez à vous rendre un père favorable.
ÉRASTE.
Mais s'il me rebutoit, dois-je...?
MARINETTE.
Alors comme alors :
Pour vous on emploîra toutes sortes d'efforts.
D'une façon ou d'autre il faut qu'elle soit vôtre.
Faites votre pouvoir, et nous ferons le nôtre.
ÉRASTE.
Adieu : nous en saurons le succès dans ce jour.

(Éraste relit la lettre tout bas.)

MARINETTE, à Gros-René.
Et nous, que dirons-nous aussi de notre amour ?
Tu ne m'en parles point.
GROS-RENÉ.
Un hymen qu'on souhaite,
Entre gens comme nous, est chose bientôt faite.
Je te veux ; me veux-tu de même ?
MARINETTE.
Avec plaisir.
GROS-RENÉ.
Touche : il suffit.
MARINETTE.
Adieu, Gros-René, mon desir.
GROS-RENÉ.
Adieu, mon astre.
MARINETTE.
Adieu, beau tison de ma flamme.

ACTE I, SCÈNE III.

GROS-RENÉ.

Adieu, chère comète, arc-en-ciel de mon ame.
(Marinette sort.)
Le bon Dieu soit loué, nos affaires vont bien ;
Albert n'est pas un homme à vous refuser rien.

ÉRASTE.

Valère vient à nous.

GROS-RENÉ.

Je plains le pauvre hère,
Sachant ce qui se passe.

SCÈNE III.

VALÈRE, ÉRASTE, GROS-RENÉ.

ÉRASTE.

Hé bien, seigneur Valère ?

VALÈRE.

Hé bien, seigneur Éraste ?

ÉRASTE.

En quel état l'amour ?

VALÈRE.

En quel état vos feux ?

ÉRASTE.

Plus forts de jour en jour.

VALÈRE.

Et mon amour plus fort.

ÉRASTE.

Pour Lucile ?

VALÈRE.

Pour elle.

ÉRASTE.

Certes, je l'avoûrai, vous êtes le modèle
D'une rare constance.

VALÈRE.
Et votre fermeté
Doit être un rare exemple à la postérité.

ÉRASTE.

Pour moi, je suis peu fait à cet amour austère
Qui dans les seuls regards trouve à se satisfaire,
Et je ne forme point d'assez beaux sentiments
Pour souffrir constamment les mauvais traitements :
Enfin, quand j'aime bien, j'aime fort que l'on m'aime.

VALÈRE.

Il est très-naturel, et j'en suis bien de même.
Le plus parfait objet dont je serois charmé
N'auroit pas mes tributs, n'en étant point aimé.

ÉRASTE.

Lucile cependant...

VALÈRE.
Lucile, dans son ame,
Rend tout ce que je veux qu'elle rende à ma flamme.

ÉRASTE.

Vous êtes donc facile à contenter ?

VALÈRE.
Pas tant
Que vous pourriez penser.

ÉRASTE.
Je puis croire pourtant,
Sans trop de vanité, que je suis en sa grace.

VALÈRE.

Moi, je sais que j'y tiens une assez bonne place.

ACTE I, SCÈNE III.

ÉRASTE.

Ne vous abusez point, croyez-moi.

VALÈRE.

Croyez-moi,
Ne laissez point duper vos yeux à trop de foi.

ÉRASTE.

Si j'osois vous montrer une preuve assurée
Que son cœur... Non, votre ame en seroit altérée.

VALÈRE.

Si je vous osois, moi, découvrir un secret...
Mais je vous fâcherois, et veux être discret.

ÉRASTE.

Vraiment, vous me poussez; et, contre mon envie,
Votre présomption veut que je l'humilie.
Lisez.

VALÈRE, après avoir lu.

Ces mots sont doux.

ÉRASTE.

Vous connoissez la main?

VALÈRE.

Oui, de Lucile.

ÉRASTE.

Hé bien! cet espoir si certain...

VALÈRE, riant et s'en allant.

Adieu, seigneur Éraste.

GROS-RENÉ.

Il est fou, le bon sire:
Où vient-il donc pour lui d'avoir le mot pour rire?

ÉRASTE.

Certes, il me surprend, et j'ignore, entre nous,

Quel diable de mystère est caché là-dessous.

GROS-RENÉ.

Son valet vient, je pense.

ÉRASTE.

Oui, je le vois paroître.
Feignons, pour le jeter sur l'amour de son maître.

SCÈNE IV.

ÉRASTE, MASCARILLE, GROS-RENÉ.

MASCARILLE, à part.

Non, je ne trouve point d'état plus malheureux
Que d'avoir un patron jeune et fort amoureux.

GROS-RENÉ.

Bonjour.

MASCARILLE.

Bonjour.

GROS-RENÉ.

Où tend Mascarille à cette heure ?
Que fait-il ? Revient-il ? va-t-il ? ou s'il demeure ?

MASCARILLE.

Non, je ne reviens pas, car je n'ai pas été ;
Je ne vais pas aussi, car je suis arrêté ;
Et ne demeure pas, car, tout de ce pas même,
Je prétends m'en aller.

ÉRASTE.

La rigueur est extrême :
Doucement, Mascarille.

ACTE I, SCÈNE IV.

MASCARILLE.
Ah ! monsieur, serviteur.

ÉRASTE.
Vous nous fuyez bien vite ! hé quoi ! vous fais-je peur ?

MASCARILLE.
Je ne crois pas cela de votre courtoisie.

ÉRASTE.
Touche : nous n'avons plus sujet de jalousie ;
Nous devenons amis ; et mes feux que j'éteins
Laissent la place libre à vos heureux desseins.

MASCARILLE.
Plût à dieu !

ÉRASTE.
Gros-René sait qu'ailleurs je me jette.

GROS-RENÉ.
Sans doute : et je te cède aussi la Marinette.

MASCARILLE.
Passons sur ce point-là ; notre rivalité
N'est pas pour en venir à grande extrémité.
Mais est-ce un coup bien sûr que votre seigneurie
Soit désenamourée ?[1] ou si c'est raillerie ?

ÉRASTE.
J'ai su qu'en ses amours ton maître étoit trop bien,
Et je serois un fou de prétendre plus rien
Aux étroites faveurs qu'il a de cette belle.

MASCARILLE.
Certes, vous me plaisez avec cette nouvelle :

---

[1] *Désenamourée.* Le mot *enamouré* se trouve dans le dictionnaire de Monnet. Il peut venir de l'italien *inamorato*, ou de l'espagnol *enamorado*. Molière en a fait le privatif *désenamouré*.

Outre qu'en nos projets je vous craignois un peu,
Vous tirez sagement votre épingle du jeu.
Oui, vous avez bien fait de quitter une place
Où l'on vous caressoit pour la seule grimace ;
Et mille fois, sachant tout ce qui se passoit,
J'ai plaint le faux espoir dont on vous repaissoit :
On offense un brave homme alors que l'on l'abuse.
Mais d'où diantre, après tout, avez-vous su la ruse ?
Car cet engagement mutuel de leur foi
N'eut pour témoins, la nuit, que deux autres et moi ;
Et l'on croit jusqu'ici la chaîne fort secrète
Qui rend de nos amants la flamme satisfaite.

ÉRASTE.

Hé ! que dis-tu ?

MASCARILLE.

Je dis que je suis interdit,
Et ne sais pas, monsieur, qui peut vous avoir dit
Que, sous ce faux semblant qui trompe tout le monde,
En vous trompant aussi, leur ardeur sans seconde
D'un secret mariage a serré le lien.

ÉRASTE.

Vous en avez menti.

MASCARILLE.

Monsieur, je le veux bien.

ÉRASTE.

Vous êtes un coquin.

MASCARILLE.

D'accord.

ÉRASTE.

Et cette audace

Mériteroit cent coups de bâton sur la place.

MASCARILLE.

Vous avez tout pouvoir.

ÉRASTE.

Ah! Gros-René!

GROS-RENÉ.

Monsieur.

ÉRASTE.

Je démens un discours dont je n'ai que trop peur.

(A Mascarille.)

Tu penses fuir.

MASCARILLE.

Nenni.

ÉRASTE.

Quoi! Lucile est la femme...?

MASCARILLE.

Non, monsieur; je raillois.

ÉRASTE.

Ah! vous raillez, infame!

MASCARILLE.

Non, je ne raillois point.

ÉRASTE.

Il est donc vrai?

MASCARILLE.

Non pas:

Je ne dis pas cela.

ÉRASTE.

Que dis-tu donc?

MASCARILLE.

Hélas!

Je ne dis rien, de peur de mal parler.

ÉRASTE.

Assure
Ou si c'est chose vraie, ou si c'est imposture.

MASCARILLE.

C'est ce qu'il vous plaira ; je ne suis pas ici
Pour vous rien contester.

ÉRASTE, *tirant son épée.*

Veux-tu dire ? Voici,
Sans marchander, de quoi te délier la langue.

MASCARILLE.

Elle ira faire encor quelque sotte harangue.
Eh ! de grace, plutôt, si vous le trouvez bon,
Donnez-moi vitement quelques coups de bâton,
Et me laissez tirer mes chausses sans murmure.

ÉRASTE.

Tu mourras, ou je veux que la vérité pure
S'exprime par ta bouche

MASCARILLE.

Hélas ! je la dirai :
Mais peut-être, monsieur, que je vous fâcherai.

ÉRASTE.

Parle : mais prends bien garde à ce que tu vas faire.
A ma juste fureur rien ne te peut soustraire,
Si tu mens d'un seul mot en ce que tu diras.

MASCARILLE.

J'y consens, rompez-moi les jambes et les bras ;
Faites-moi pis encor, tuez-moi, si j'impose,
En tout ce que j'ai dit ici, la moindre chose.

ÉRASTE.

Ce mariage est vrai ?

MASCARILLE.
Ma langue en cet endroit
A fait un pas de clerc dont elle s'aperçoit :
Mais enfin cette affaire est comme vous la dites :
Et c'est après cinq jours de nocturnes visites,
Tandis que vous serviez à mieux couvrir leur jeu,
Que depuis avant-hier ils sont joints de ce nœud ;
Et Lucile depuis fait encor moins paroître
Le violent amour qu'elle porte à mon maître,
Et veut absolument que tout ce qu'il verra,
Et qu'en votre faveur son cœur témoignera,
Il l'impute à l'effet d'une haute prudence,
Qui veut de leurs secrets ôter la connoissance.
Si, malgré mes serments, vous doutez de ma foi,
Gros-René peut venir une nuit avec moi ;
Et je lui ferai voir, étant en sentinelle,
Que nous avons dans l'ombre un libre accès chez elle.
ÉRASTE.
Ote-toi de mes yeux, maraud !
MASCARILLE.
Et de grand cœur ;
C'est ce que je demande.

SCÈNE V.

ÉRASTE, GROS-RENÉ.

ÉRASTE.
Hé bien ?
GROS-RENÉ.
Hé bien, monsieur,

Nous en tenons tous deux, si l'autre est véritable.

ÉRASTE.

Las! il ne l'est que trop, le bourreau détestable!
Je vois trop d'apparence à tout ce qu'il a dit;
Et ce qu'a fait Valère en voyant cet écrit
Marque bien leur concert, et que c'est une baie [1]
Qui sert sans doute aux feux dont l'ingrate le paie.

SCÈNE VI.

ÉRASTE, MARINETTE, GROS-RENÉ.

MARINETTE.

Je viens vous avertir que tantôt, sur le soir,
Ma maîtresse au jardin vous permet de la voir.

ÉRASTE.

Oses-tu me parler? ame double et traîtresse!
Va, sors de ma présence; et dis à ta maîtresse
Qu'avecque ses écrits elle me laisse en paix,
Et que voilà l'état, infame! que j'en fais.

(Il déchire la lettre, et sort.)

MARINETTE.

Gros-René, dis moi donc quelle mouche le pique?

GROS-RENÉ.

M'oses-tu bien encore parler? femelle inique,
Crocodile trompeur, de qui le cœur félon
Est pire qu'un satrape, ou bien qu'un Lestrigon!

---

[1] *Baie* signifiait *ruse, tromperie.* Voyez la note page 86.

Va, va rendre réponse à ta bonne maîtresse;
Et dis-lui bien et beau que, malgré sa souplesse,
Nous ne sommes plus sots, ni mon maître ni moi,
Et désormais qu'elle aille au diable avecque toi.

MARINETTE, seule.

Ma pauvre Marinette, es-tu bien éveillée?
De quel démon est donc leur ame travaillée?
Quoi! faire un tel accueil à nos soins obligeants!
Oh! que ceci chez nous va surprendre les gens!

FIN DU PREMIER ACTE.

ACTE SECOND.

SCÈNE I.

ASCAGNE, FROSINE.

FROSINE.

Ascagne, je suis fille à secret, dieu merci.

ASCAGNE.

Mais, pour un tel discours, sommes-nous bien ici?
Prenons garde qu'aucun ne nous vienne surprendre,
Ou que de quelque endroit on ne nous puisse entendre.

FROSINE.

Nous serions au logis beaucoup moins sûrement:
Ici de tous côtés on découvre aisément,
Et nous pouvons parler avec toute assurance.

ASCAGNE.

Hélas! que j'ai de peine à rompre mon silence!

FROSINE.

Ouais! ceci doit donc être un important secret!

ASCAGNE.

Trop, puisque je le dis à vous-même à regret,
Et que, si je pouvois le cacher davantage,
Vous ne le sauriez point.

ACTE II, SCÈNE I.

FROSINE.

Ah! c'est me faire outrage!
Feindre à s'ouvrir à moi, dont vous avez connu
Dans tous vos intérêts l'esprit si retenu!
Moi, nourrie avec vous, et qui tiens sous silence
Des choses qui vous sont de si grande importance!
Qui sais...

ASCAGNE.

Oui, vous savez la secrète raison
Qui cache aux yeux de tous mon sexe et ma maison:
Vous savez que dans celle où passa mon bas âge
Je suis pour y pouvoir retenir l'héritage
Que relâchoit ailleurs le jeune Ascagne mort,
Dont mon déguisement fait revivre le sort;
Et c'est aussi pourquoi ma bouche se dispense
A vous ouvrir mon cœur avec plus d'assurance.
Mais avant que passer, Frosine, à ce discours,
Éclaircissez un doute où je tombe toujours.
Se pourroit-il qu'Albert ne sût rien du mystère
Qui masque ainsi mon sexe, et l'a rendu mon père?

FROSINE.

En bonne foi, ce point sur quoi vous me pressez
Est une affaire aussi qui m'embarrasse assez:
Le fond de cette intrigue est pour moi lettre close:
Et ma mère ne put m'éclaircir mieux la chose.
Quand il mourut ce fils, l'objet de tant d'amour,
Au destin de qui même, avant qu'il vînt au jour,
Le testament d'un oncle abondant en richesses
D'un soin particulier avoit fait des largesses;
Et que sa mère fit un secret de sa mort,

De son époux absent redoutant le transport,
S'il voyoit chez un autre aller tout l'héritage
Dont sa maison tiroit un si grand avantage ;
Quand, dis-je, pour cacher un tel événement,
La supposition fut de son sentiment,
Et qu'on vous prit chez nous où vous étiez nourrie
(Votre mère d'accord de cette tromperie
Qui remplaçoit ce fils à sa garde commis),
En faveur des présents le secret fut promis.
Albert ne l'a point su de nous; et pour sa femme
L'ayant plus de douze ans conservé dans son ame,
Comme le mal fut prompt dont on la vit mourir,
Son trépas imprévu ne put rien découvrir.
Mais cependant je vois qu'il garde intelligence
Avec celle de qui vous tenez la naissance :
J'ai su qu'en secret même il lui faisoit du bien,
Et peut-être cela ne se fait pas pour rien.
D'autre part, il vous veut porter au mariage,
Et, comme il le prétend, c'est un mauvais langage.
Je ne sais s'il sauroit la supposition
Sans le déguisement. Mais la digression
Tout insensiblement pourroit trop loin s'étendre :
Revenons au secret que je brûle d'apprendre.

ASCAGNE.

Sachez donc que l'amour ne sait point s'abuser,
Que mon sexe à ses yeux n'a pu se déguiser,
Et que ses traits subtils, sous l'habit que je porte,
Ont su trouver le cœur d'une fille peu forte :
J'aime enfin.

FROSINE.

Vous aimez !

ASCAGNE.
Frosine, doucement :
N'entrez pas tout-à-fait dedans l'étonnement,
Il n'est pas temps encore ; et ce cœur qui soupire
A bien pour vous surprendre autre chose à vous dire.

FROSINE.
Et quoi ?

ASCAGNE.
J'aime Valère.

FROSINE.
Ah ! vous avez raison :
L'objet de votre amour, lui, dont à la maison
Votre imposture enlève un puissant héritage,
Et qui, de votre sexe ayant le moindre ombrage,
Verroit incontinent ce bien lui retourner !
C'est encor un plus grand sujet de s'étonner.

ASCAGNE.
J'ai de quoi, toutefois, surprendre plus votre ame :
Je suis sa femme.

FROSINE.
O dieux ! sa femme !

ASCAGNE.
Oui, sa femme.

FROSINE.
Ah ! certes, celui-là l'emporte, et vient à bout
De toute ma raison.

ASCAGNE.
Ce n'est pas encor tout.

FROSINE.
Encore !

ASCAGNE.

Je la suis, dis-je, sans qu'il le pense,
Ni qu'il ait de mon sort la moindre connoissance.

FROSINE.

Ho ! poussez ; je le quitte, et ne raisonne plus,
Tant mes sens coup sur coup se trouvent confondus ;
A ces énigmes-là je ne puis rien comprendre.

ASCAGNE.

Je vais vous l'expliquer, si vous voulez m'entendre.
Valère, dans les fers de ma sœur arrêté,
Me sembloit un amant digne d'être écouté ;
Je ne pouvois souffrir qu'on rebutât sa flamme,
Sans qu'un peu d'intérêt touchât pour lui mon ame ;
Je voulois que Lucile aimât son entretien ;
Je blâmois ses rigueurs, et les blâmai si bien,
Que moi-même j'entrai, sans pouvoir m'en défendre,
Dans tous les sentiments qu'elle ne pouvoit prendre.
C'étoit, en lui parlant, moi qu'il persuadoit ;
Je me laissois gagner aux soupirs qu'il perdoit ;
Et ses vœux, rejetés de l'objet qui l'enflamme,
Étoient comme vainqueurs reçus dedans mon ame.
Ainsi mon cœur, Frosine, un peu trop foible, hélas !
Se rendit à des soins qu'on ne lui rendoit pas,
Par un coup réfléchi reçut une blessure,
Et paya pour un autre avec beaucoup d'usure.
Enfin, ma chère, enfin l'amour que j'eus pour lui
Se voulut expliquer, mais sous le nom d'autrui.
Dans ma bouche, une nuit, cet amant trop aimable
Crut rencontrer Lucile à ses vœux favorable ;
Et je sus ménager si bien cet entretien,

Que du déguisement il ne reconnut rien.
Sous ce voile trompeur, qui flattoit sa pensée,
Je lui dis que pour lui mon ame étoit blessée,
Mais que, voyant mon père en d'autres sentiments,
Je devois une feinte à ses commandements ;
Qu'ainsi de notre amour nous ferions un mystère,
Dont la nuit seulement seroit dépositaire ;
Et qu'entre nous, de jour, de peur de rien gâter,
Tout entretien secret se devoit éviter ;
Qu'il me verroit alors la même indifférence
Qu'avant que nous eussions aucune intelligence ;
Et que de son côté, de même que du mien,
Geste, parole, écrit, ne m'en dît jamais rien.
Enfin, sans m'arrêter sur toute l'industrie
Dont j'ai conduit le fil de cette tromperie,
J'ai poussé jusqu'au bout un projet si hardi,
Et me suis assuré l'époux que je vous di.

FROSINE.

Ho ! ho ! les grands talents que votre esprit possède !
Diroit-on qu'elle y touche avec sa mine froide ?
Cependant vous avez été bien vite ici ;
Car, je veux que la chose ait d'abord réussi,
Ne jugez-vous pas bien, à regarder l'issue,
Qu'elle ne peut long-temps éviter d'être sue ?

ASCAGNE.

Quand l'amour est bien fort, rien ne peut l'arrêter :
Ses projets seulement vont à se contenter ;
Et, pourvu qu'il arrive au but qu'il se propose,
Il croit que tout le reste après est peu de chose.
Mais enfin aujourd'hui je me découvre à vous,
Afin que vos conseils... Mais voici cet époux.

SCÈNE II.

VALÈRE, ASCAGNE, FROSINE.

VALÈRE.

Si vous êtes tous deux en quelque conférence
Où je vous fasse tort de mêler ma présence,
Je me retirerai.

ASCAGNE.

Non, non; vous pouvez bien,
Puisque vous le faisiez, rompre notre entretien.

VALÈRE.

Moi?

ASCAGNE.

Vous-même.

VALÈRE.

Et comment?

ASCAGNE.

Je disois que Valère
Auroit, si j'étois fille, un peu trop su me plaire;
Et que, si je faisois tous les vœux de son cœur,
Je ne tarderois guère à faire son bonheur.

VALÈRE.

Ces protestations ne coûtent pas grand'chose,
Alors qu'à leur effet un pareil si s'oppose:
Mais vous seriez bien pris, si quelque événement
Alloit mettre à l'épreuve un si doux compliment.

ASCAGNE.

Point du tout: je vous dis que, régnant dans votre ame,

ACTE II, SCÈNE II.

Je voudrois de bon cœur couronner votre flamme.

VALÈRE.

Et si c'étoit quelqu'une où par votre secours
Vous puissiez être utile au bonheur de mes jours?

ASCAGNE.

Je pourrois assez mal répondre à votre attente.

VALÈRE.

Cette confession n'est pas fort obligeante.

ASCAGNE.

Hé quoi! vous voudriez, Valère, injustement
Qu'étant fille, et mon cœur vous aimant tendrement,
Je m'allasse engager avec une promesse
De servir vos ardeurs pour quelque autre maîtresse?
Un si pénible effort pour moi m'est interdit.

VALÈRE.

Mais cela n'étant pas?

ASCAGNE.

Ce que je vous ai dit,
Je l'ai dit comme fille, et vous le devez prendre
Tout de même.

VALÈRE.

Ainsi donc il ne faut rien prétendre,
Ascagne, à des bontés que vous auriez pour nous,
A moins que le ciel fasse un grand miracle en vous;
Bref, si vous n'êtes fille, adieu votre tendresse,
Il ne vous reste rien qui pour nous s'intéresse.

ASCAGNE.

J'ai l'esprit délicat plus qu'on ne peut penser,
Et le moindre scrupule a de quoi m'offenser,
Quand il s'agit d'aimer. Enfin je suis sincère,

Je ne m'engage point à vous servir, Valère,
Si vous ne m'assurez, au moins, absolument
Que vous avez pour moi le même sentiment ;
Que pareille chaleur d'amitié vous transporte ;
Et que, si j'étois fille, une flamme plus forte
N'outrageroit point celle où je vivrois pour vous.

VALÈRE.

Je n'avois jamais vu ce scrupule jaloux ;
Mais, tout nouveau qu'il est, ce mouvement m'oblige,
Et je vous fais ici tout l'aveu qu'il exige.

ASCAGNE.

Mais sans fard ?

VALÈRE.

Oui, sans fard.

ASCAGNE.

S'il est vrai, désormais
Vos intérêts seront les miens, je vous promets.

VALÈRE.

J'ai bientôt à vous dire un important mystère,
Où l'effet de ces mots me sera nécessaire.

ASCAGNE.

Et j'ai quelque secret de même à vous ouvrir,
Où votre cœur pour moi se pourra découvrir.

VALÈRE.

Hé ! de quelle façon cela pourroit-il être ?

ASCAGNE.

C'est que j'ai de l'amour qui n'oseroit paroître,
Et vous pourriez avoir sur l'objet de mes vœux
Un empire à pouvoir rendre mon sort heureux.

VALÈRE.

Expliquez-vous, Ascagne, et croyez par avance

ACTE II, SCÈNE II.

Que votre heur est certain, s'il est en ma puissance.

ASCAGNE.

Vous promettez ici plus que vous ne croyez.

VALÈRE.

Non, non : dites l'objet pour qui vous m'employez.

ASCAGNE.

Il n'est pas encor temps ; mais c'est une personne
Qui vous touche de près.

VALÈRE.

Votre discours m'étonne.
Plût à dieu que ma sœur...

ASCAGNE.

Ce n'est pas la saison

VALÈRE.

De m'expliquer, vous dis-je.

Et pourquoi ?

ASCAGNE.

Pour raison :
Vous saurez mon secret quand je saurai le vôtre.

VALÈRE.

J'ai besoin pour cela de l'aveu de quelque autre.

ASCAGNE.

Ayez-le donc ; et lors, nous expliquant nos vœux,
Nous verrons qui tiendra mieux parole des deux.

VALÈRE.

Adieu, j'en suis content.

ASCAGNE.

Et moi content, Valère.
(Valère sort.)

FROSINE.

Il croit trouver en vous l'assistance d'un frère.

SCÈNE III.

LUCILE, ASCAGNE, FROSINE, MARINETTE.

LUCILE, à Marinette les trois premiers vers.

C'en est fait; c'est ainsi que je puis me venger;
Et si cette action a de quoi l'affliger,
C'est toute la douceur que mon cœur s'y propose.
Mon frère, vous voyez une métamorphose :
Je veux chérir Valère après tant de fierté,
Et mes vœux maintenant tournent de son côté.

ASCAGNE.

Que dites-vous, ma sœur? Comment! courir au change!
Cette inégalité me semble trop étrange.

LUCILE.

La vôtre me surprend avec plus de sujet.
De vos soins autrefois Valère étoit l'objet;
Je vous ai vu pour lui m'accuser de caprice,
D'aveugle cruauté, d'orgueil et d'injustice :
Et quand je veux l'aimer, mon dessein vous déplaît!
Et je vous vois parler contre son intérêt!

ASCAGNE.

Je le quitte, ma sœur, pour embrasser le vôtre.
Je sais qu'il est rangé dessous les lois d'une autre;
Et ce seroit un trait honteux à vos appas,
Si vous le rappeliez, et qu'il ne revînt pas.

LUCILE.

Si ce n'est que cela, j'aurai soin de ma gloire;
Et je sais pour son cœur tout ce que j'en dois croire;

Il s'explique à mes yeux intelligiblement :
Ainsi découvrez-lui, sans peur, mon sentiment ;
Ou, si vous refusez de le faire, ma bouche
Lui va faire savoir que son ardeur me touche...
Quoi ! mon frère, à ces mots vous restez interdit !

ASCAGNE.

Ah ! ma sœur, si sur vous je puis avoir crédit,
Si vous êtes sensible aux prières d'un frère,
Quittez un tel dessein, et n'ôtez point Valère
Aux vœux d'un jeune objet dont l'intérêt m'est cher,
Et qui, sur ma parole, a droit de vous toucher.
La pauvre infortunée aime avec violence :
A moi seul de ses feux elle fait confidence,
Et je vois dans son cœur de tendres mouvements
A dompter la fierté des plus durs sentiments.
Oui, vous auriez pitié de l'état de son ame,
Connoissant de quel coup vous menacez sa flamme ;
Et je ressens si bien la douleur qu'elle aura,
Que je suis assuré, ma sœur, qu'elle en mourra,
Si vous lui dérobez l'amant qui peut lui plaire.
Éraste est un parti qui doit vous satisfaire ;
Et des feux mutuels...

LUCILE.

Mon frère, c'est assez.
Je ne sais pas pour qui vous vous intéressez ;
Mais, de grace, cessons ce discours, je vous prie,
Et me laissez un peu dans quelque rêverie.

ASCAGNE.

Allez, cruelle sœur, vous me désespérez
Si vous effectuez vos desseins déclarés.

SCÈNE IV.

LUCILE, MARINETTE.

MARINETTE.
La résolution, madame, est assez prompte.
LUCILE.
Un cœur ne pèse rien alors que l'on l'affronte ;
Il court à sa vengeance, et saisit promptement
Tout ce qu'il croit servir à son ressentiment.
Le traître ! faire voir cette insolence extrême !
MARINETTE.
Vous m'en voyez encor toute hors de moi-même ;
Et quoique là-dessus je rumine sans fin,
L'aventure me passe, et j'y perds mon latin.
Car enfin aux transports d'une bonne nouvelle
Jamais cœur ne s'ouvrit d'une façon plus belle ;
De l'écrit obligeant le sien tout transporté
Ne me donnoit pas moins que de la déité :
Et cependant jamais, à cet autre message,
Fille ne fut traitée avecque tant d'outrage.
Je ne sais, pour causer de si grands changements,
Ce qui s'est pu passer entre ces courts moments.
LUCILE.
Rien ne s'est pu passer dont il faille être en peine,
Puisque rien ne le doit défendre de ma haine.
Quoi ! tu voudrois chercher hors de sa lâcheté
La secrète raison de cette indignité ?
Cet écrit malheureux, dont mon ame s'accuse,

Peut-il à son transport souffrir la moindre excuse?

MARINETTE.

En effet, je comprends que vous avez raison,
Et que cette querelle est pure trahison.
Nous en tenons, madame : et puis prêtons l'oreille
Aux bons chiens de pendards qui nous chantent merveille,
Qui pour nous accrocher feignent tant de langueur;
Laissons à leurs beaux mots fondre notre rigueur;
Rendons-nous à leurs vœux, trop foibles que nous sommes!
Foin de notre sottise, et peste soit des hommes!

LUCILE.

Hé bien, bien qu'il s'en vante, et rie à nos dépens,
Il n'aura pas sujet d'en triompher long-temps :
Et je lui ferai voir qu'en une ame bien faite
Le mépris suit de près la faveur qu'on rejette.

MARINETTE.

Au moins, en pareil cas est-ce un bonheur bien doux,
Quand on sait qu'on n'a point d'avantage sur nous.
Marinette eut bon nez, quoi qu'on en puisse dire,
De ne permettre rien un soir qu'on vouloit rire.
Quelque autre, sous l'espoir du *matrimonion*,
Auroit ouvert l'oreille à la tentation ;
Mais moi, *nescio vos*.

LUCILE.

    Que tu dis de folies,
Et choisis mal ton temps pour de telles saillies!
Enfin je suis touchée au cœur sensiblement;
Et si jamais celui de ce perfide amant,
Par un coup de bonheur, dont j'aurois tort, je pense,
De vouloir à présent conserver l'espérance

(Car le ciel a trop pris plaisir de m'affliger
Pour me donner celui de me pouvoir venger);
Quand, dis-je, par un sort à mes desirs propice,
Il reviendroit m'offrir sa vie en sacrifice,
Détester à mes pieds l'action d'aujourd'hui,
Je te défends surtout de me parler pour lui.
Au contraire, je veux que ton zèle s'exprime
A me bien mettre aux yeux la grandeur de son crime;
Et même, si mon cœur étoit pour lui tenté
De descendre jamais à quelque lâcheté,
Que ton affection me soit alors sévère,
Et tienne, comme il faut, la main à ma colère.

MARINETTE.

Vraiment, n'ayez point peur, et laissez faire à nous;
J'ai pour le moins autant de colère que vous;
Et je serois plutôt fille toute ma vie,
Que mon gros traître aussi me redonnât envie...
S'il vient...

SCÈNE V.

ALBERT, LUCILE, MARINETTE.

ALBERT.

Rentrez, Lucile, et me faites venir
Le précepteur; je veux un peu l'entretenir,
Et m'informer de lui, qui me gouverne Ascagne,
S'il sait point quel ennui depuis peu l'accompagne.

SCÈNE VI.

ALBERT.

En quel gouffre de soins et de perplexité
Nous jette une action faite sans équité !
D'un enfant supposé par mon trop d'avarice,
Mon cœur depuis long-temps souffre bien le supplice,
Et quand je vois les maux où je me suis plongé,
Je voudrois à ce bien n'avoir jamais songé.
Tantôt je crains de voir, par la fourbe éventée,
Ma famille en opprobre et misère jetée ;
Tantôt pour ce fils-là qu'il me faut conserver
Je crains cent accidents qui peuvent arriver.
S'il advient que dehors quelque affaire m'appelle,
J'appréhende au retour cette triste nouvelle :
Las ! vous ne savez pas ? vous l'a-t-on annoncé ?
Votre fils a la fièvre, ou jambe, ou bras cassé.
Enfin, à tous moments, sur quoi que je m'arrête,
Cent sortes de chagrins me roulent par la tête.
Ah!...

SCÈNE VII.

ALBERT, MÉTAPHRASTE.

MÉTAPHRASTE.
Mandatum tuum curo diligenter.
ALBERT.
Maître, j'ai voulu...

MÉTAPHRASTE.
Maître est dit *à magis ter*.
C'est comme qui diroit trois fois plus grand.

ALBERT.

Je meure
Si je savois cela. Mais, soit, à la bonne heure.
Maître donc...

MÉTAPHRASTE.
Poursuivez.

ALBERT.

Je veux poursuivre aussi :
Mais ne poursuivez point, vous, d'interrompre ainsi.
Donc, encore une fois, maître, c'est la troisième,
Mon fils me rend chagrin : vous savez que je l'aime,
Et que soigneusement je l'ai toujours nourri.

MÉTAPHRASTE.
Il est vrai : *Filio non potest præferri*
Nisi filius.

ALBERT.

Maître, en discourant ensemble,
Ce jargon n'est pas fort nécessaire, me semble.,
Je vous crois grand latin, et grand docteur juré;
Je m'en rapporte à ceux qui m'en ont assuré :
Mais, dans un entretien qu'avec vous je destine,
N'allez point déployer toute votre doctrine,
Faire le pédagogue, et cent mots me cracher,
Comme si vous étiez en chaire pour prêcher.
Mon père, quoiqu'il eût la tête des meilleures,
Ne m'a jamais rien fait apprendre que mes heures,
Qui, depuis cinquante ans dites journellement,

Ne sont encor pour moi que du haut allemand.
Laissez donc en repos votre science auguste,
Et que votre langage à mon foible s'ajuste.
MÉTAPHRASTE.
Soit.
ALBERT.
A mon fils l'hymen me paroît faire peur ;
Et, sur quelque parti que je sonde son cœur,
Pour un pareil lien il est froid et recule.
MÉTAPHRASTE.
Peut-être a-t-il l'humeur du frère de Marc-Tulle,
Dont avec Atticus le même fait *sermon*,
Et comme aussi les Grecs disent, *Athanaton...*
ALBERT.
Mon dieu ! maître éternel, laissez là, je vous prie,
Les Grecs, les Albanois, avec l'Esclavonie,
Et tous ces autres gens dont vous voulez parler ;
Eux et mon fils n'ont rien ensemble à démêler.
MÉTAPHRASTE.
Hé bien donc, votre fils ?
ALBERT.
Je ne sais si dans l'ame
Il ne sentiroit point une secrète flamme;
Quelque chose le trouble, ou je suis fort déçu ;
Et je l'aperçus hier, sans en être aperçu,
Dans un recoin du bois où nul ne se retire.
MÉTAPHRASTE.
Dans un lieu reculé du bois, voulez-vous dire,
Un endroit écarté, *latinè*, *secessus* ;
Virgile l'a dit: *Est in secessu locus...*

ALBERT.

Comment auroit-il pu l'avoir dit ce Virgile,
Puisque je suis certain que, dans ce lieu tranquille,
Ame du monde enfin n'étoit lors, que nous deux?

MÉTAPHRASTE.

Virgile est nommé là comme un auteur fameux,
D'un terme plus choisi que le mot que vous dites,
Et non comme témoin de ce qu'hier vous vîtes.

ALBERT.

Et moi, je vous dis, moi, que je n'ai pas besoin
De terme plus choisi, d'auteur, ni de témoin,
Et qu'il suffit ici de mon seul témoignage.

MÉTAPHRASTE.

Il faut choisir pourtant les mots mis en usage
Par les meilleurs auteurs : *Tu vivendo bonos*,
Comme on dit, *scribendo sequare peritos*.

ALBERT.

Homme, ou démon, veux-tu m'entendre sans conteste?

MÉTAPHRASTE.

Quintilien en fait le précepte...

ALBERT.

     La peste
Soit du causeur!

MÉTAPHRASTE.

    Et dit là-dessus doctement
Un mot que vous serez bien aise assurément
D'entendre.

ALBERT.

   Je serai le diable qui t'emporte,
Chien d'homme! Ho! que je suis tenté d'étrange sorte

De faire sur ce mufle une application!

MÉTAPHRASTE.

Mais qui cause, seigneur, votre inflammation?
Que voulez-vous de moi?

ALBERT.

Je veux que l'on m'écoute,
Vous ai-je dit vingt fois, quand je parle.

MÉTAPHRASTE.

Ah! sans doute;
Vous serez satisfait, s'il ne tient qu'à cela:
Je me tais.

ALBERT.

Vous ferez sagement.

MÉTAPHRASTE.

Me voilà
Tout prêt à vous ouïr.

ALBERT.

Tant mieux.

MÉTAPHRASTE.

Que je trépasse,
Si je dis plus mot.

ALBERT.

Dieu vous en fasse la grace!

MÉTAPHRASTE.

Vous n'accuserez point mon caquet désormais.

ALBERT.

Ainsi soit-il!

MÉTAPHRASTE.

Parlez quand vous voudrez...

ALBERT.

J'y vais.

MÉTAPHRASTE.

Et n'appréhendez plus l'interruption nôtre.

ALBERT.

C'est assez dit.

MÉTAPHRASTE.

Je suis exact plus qu'aucun autre.

ALBERT.

Je le crois.

MÉTAPHRASTE.

J'ai promis que je ne dirai rien.

ALBERT.

Suffit.

MÉTAPHRASTE.

Dès à présent je suis muet.

ALBERT.

Fort bien.

MÉTAPHRASTE.

Parlez; courage! au moins, je vous donne audience.
Vous ne vous plaindrez pas de mon peu de silence:
Je ne desserre pas la bouche seulement.

ALBERT, à part.

Le traître!

MÉTAPHRASTE.

Mais, de grace, achevez vitement.
Depuis long-temps j'écoute; il est bien raisonnable
Que je parle à mon tour.

ALBERT.

Donc, bourreau détestable....

MÉTAPHRASTE.

Hé! bon dieu! voulez-vous que j'écoute à jamais?

Partageons le parler du moins ; ou je m'en vais.

ALBERT.

Ma patience est bien...

MÉTAPHRASTE.

Quoi ! voulez-vous poursuivre ?
Ce n'est pas encor fait ? *Per Jovem*, je suis ivre !

ALBERT.

Je n'ai pas dit...

MÉTAPHRASTE.

Encor ? Bon dieu ! que de discours !
Rien n'est-il suffisant d'en arrêter le cours ?

ALBERT.

J'enrage.

MÉTAPHRASTE.

Derechef ? O l'étrange torture !
Hé laissez-moi parler un peu, je vous conjure ;
Un sot qui ne dit mot ne se distingue pas
D'un savant qui se tait.

ALBERT.

Parbleu ! tu te tairas.

SCÈNE VIII.

MÉTAPHRASTE.

D'où vient fort à propos cette sentence expresse
D'un philosophe : Parle, afin qu'on te connoisse.
Doncques si de parler le pouvoir m'est ôté,
Pour moi, j'aime autant perdre aussi l'humanité,
Et changer mon essence en celle d'une bête.

Me voilà pour huit jours avec un mal de tête...
Oh! que les grands parleurs par moi sont détestés!
Mais quoi! si les savants ne sont pas écoutés,
Si l'on veut que toujours ils aient la bouche close,
Il faut donc renverser l'ordre de chaque chose;
Que les poules dans peu dévorent les renards;
Que les jeunes enfants remontrent aux vieillards;
Qu'à poursuivre les loups les agnelets s'ébattent;
Qu'un fou fasse les lois; que les femmes combattent;
Que par les criminels les juges soient jugés,
Et par les écoliers les maîtres fustigés;
Que le malade au sain présente le remède;
Que le lièvre craintif...

SCÈNE IX.

ALBERT, MÉTAPHRASTE.

Albert sonne aux oreilles de Métaphraste une cloche de mulet qui le fait fuir.

MÉTAPHRASTE, fuyant.

Miséricorde! à l'aide!

FIN DU SECOND ACTE.

ACTE TROISIÈME.

SCÈNE I.

MASCARILLE.

Le ciel parfois seconde un dessein téméraire,
Et l'on sort comme on peut d'une méchante affaire.
Pour moi, qu'une imprudence a trop fait discourir,
Le remède plus prompt où j'ai su recourir,
C'est de pousser ma pointe, et dire en diligence
A notre vieux patron toute la manigance.
Son fils, qui m'embarrasse, est un évaporé :
L'autre, diable! disant ce que j'ai déclaré,
Gare une irruption sur notre friperie.
Au moins, avant qu'on puisse échauffer sa furie,
Quelque chose de bon nous pourra succéder,
Et les vieillards entre eux se pourront accorder.
C'est ce qu'on va tenter ; et de la part du nôtre,
Sans perdre un seul moment, je m'en vais trouver l'autre.

(Il frappe à la porte d'Albert.)

SCÈNE II.

ALBERT, MASCARILLE.

ALBERT.

Qui frappe ?

MASCARILLE.

Ami.

ALBERT.

Oh ! oh ! qui te peut amener,
Mascarille ?

MASCARILLE.

Je viens, monsieur, pour vous donner
Le bonjour.

ALBERT.

Ah ! vraiment, tu prends beaucoup de peine.
De tout mon cœur, bonjour.

(Il s'en va.)

MASCARILLE.

La réplique est soudaine.
Quel homme brusque !
(Il heurte.)

ALBERT.

Encor ?

MASCARILLE.

Vous n'avez pas ouï,
Monsieur...

ALBERT.

Ne m'as-tu pas donné le bonjour ?

ACTE III, SCÈNE II.

MASCARILLE.

Oui.

ALBERT.

Hé bien! bonjour, te dis-je.

(Il s'en va; Mascarille l'arrête.)

MASCARILLE.

Oui, mais je viens encore
Vous saluer au nom du seigneur Polidore.

ALBERT.

Ah! c'est un autre fait. Ton maître t'a chargé
De me saluer?

MASCARILLE.

Oui.

ALBERT.

Je lui suis obligé.
Va, que je lui souhaite une joie infinie.

(Il s'en va.)

MASCARILLE.

Cet homme est ennemi de la cérémonie.

(Il heurte.)

Je n'ai pas achevé, monsieur, son compliment :
Il voudroit vous prier d'une chose instamment.

ALBERT.

Hé bien! quand il voudra, je suis à son service.

MASCARILLE, l'arrêtant.

Attendez, et souffrez qu'en deux mots je finisse.
Il souhaite un moment pour vous entretenir
D'une affaire importante, et doit ici venir.

ALBERT.

Eh! quelle est-elle encor l'affaire qui l'oblige

A me vouloir parler?

MASCARILLE.

Un grand secret, vous dis-je,
Qu'il vient de découvrir en ce même moment,
Et qui sans doute importe à tous deux grandement.
Voilà mon ambassade.

SCÈNE III.

ALBERT.

O juste ciel! je tremble!
Car enfin nous avons peu de commerce ensemble.
Quelque tempête va renverser mes desseins,
Et ce secret, sans doute, est celui que je crains.
L'espoir de l'intérêt m'a fait quelque infidèle,
Et voilà sur ma vie une tache éternelle.
Ma fourbe est découverte. Oh! que la vérité
Se peut cacher long-temps avec difficulté!
Et qu'il eût mieux valu pour moi, pour mon estime,
Suivre les mouvements d'une peur légitime,
Par qui je me suis vu tenté plus de vingt fois
De rendre à Polidore un bien que je lui dois,
De prévenir l'éclat où ce coup-ci m'expose,
Et faire qu'en douceur passât toute la chose!
Mais hélas! c'en est fait, il n'est plus de saison;
Et ce bien, par la fraude entré dans sa maison,
N'en sera point tiré, que dans cette sortie
Il n'entraîne du mien la meilleure partie.

SCÈNE IV.

POLIDORE, ALBERT.

POLIDORE, *les quatre premiers vers sans voir Albert.*
S'être ainsi marié sans qu'on en ait su rien !
Puisse cette action se terminer à bien !
Je ne sais qu'en attendre ; et je crains fort du père
Et la grande richesse, et la juste colère.
Mais je l'aperçois seul.

ALBERT.
Ciel ! Polidore vient !
POLIDORE.
Je tremble à l'aborder.
ALBERT.
La crainte me retient.
POLIDORE.
Par où lui débuter ?
ALBERT.
Quel sera mon langage ?
POLIDORE.
Son ame est toute émue.
ALBERT.
Il change de visage.
POLIDORE.
Je vois, seigneur Albert, au trouble de vos yeux,
Que vous savez déja qui m'amène en ces lieux.
ALBERT.
Hélas ! oui.

POLIDORE.
La nouvelle a droit de vous surprendre ;
Et je n'eusse pas cru ce que je viens d'apprendre.

ALBERT.
J'en dois rougir de honte et de confusion.

POLIDORE.
Je trouve condamnable une telle action ;
Et je ne prétends point excuser le coupable.

ALBERT.
Dieu fait miséricorde au pécheur misérable.

POLIDORE.
C'est ce qui doit par vous être considéré.

ALBERT.
Il faut être chrétien.

POLIDORE.
Il est très-assuré.

ALBERT.
Grace, au nom de dieu! grace, ô seigneur Polidore!

POLIDORE.
Hé! c'est moi qui de vous présentement l'implore.

ALBERT.
Afin de l'obtenir je me jette à genoux.

POLIDORE.
Je dois en cet état être plutôt que vous.

ALBERT.
Prenez quelque pitié de ma triste aventure.

POLIDORE.
Je suis le suppliant dans une telle injure.

ALBERT.
Vous me fendez le cœur avec cette bonté.

POLIDORE.
Vous me rendez confus de tant d'humilité.
ALBERT.
Pardon, encore un coup !
POLIDORE.
Hélas ! pardon vous-même !
ALBERT.
J'ai de cette action une douleur extrême.
POLIDORE.
Et moi, j'en suis touché de même au dernier point.
ALBERT.
J'ose vous conjurer qu'elle n'éclate point.
POLIDORE.
Hélas ! seigneur Albert, je ne veux autre chose.
ALBERT.
Conservons mon honneur.
POLIDORE.
Hé ! oui, je m'y dispose.
ALBERT.
Quant au bien qu'il faudra, vous-même en résoudrez.
POLIDORE.
Je ne veux de vos biens que ce que vous voudrez ;
De tous ces intérêts je vous ferai le maître ;
Et je suis trop content si vous le pouvez être.
ALBERT.
Ah ! quel homme de Dieu ! Quel excès de douceur !
POLIDORE.
Quelle douceur, vous-même, après un tel malheur !
ALBERT.
Que puissiez-vous avoir toutes choses prospères !

POLIDORE.

Le bon Dieu vous maintienne!

ALBERT.

      Embrassons-nous en frères.

POLIDORE.

J'y consens de grand cœur, et me réjouis fort
Que tout soit terminé par un heureux accord.

ALBERT.

J'en rends graces au ciel.

POLIDORE.

      Il ne vous faut rien feindre,
Votre ressentiment me donnoit lieu de craindre;
Et Lucile tombée en faute avec mon fils,
Comme on vous voit puissant et de biens et d'amis...

ALBERT.

Hé! que parlez-vous là de faute et de Lucile?

POLIDORE.

Soit, ne commençons point un discours inutile.
Je veux bien que mon fils y trempe grandement :
Même, si cela fait à votre allégement,
J'avoûrai qu'à lui seul en est toute la faute;
Que votre fille avoit une vertu trop haute
Pour avoir jamais fait ce pas contre l'honneur,
Sans l'incitation d'un méchant suborneur;
Que le traître a séduit sa pudeur innocente,
Et de votre conduite ainsi détruit l'attente.
Puisque la chose est faite, et que, selon mes vœux,
Un esprit de douceur nous met d'accord tous deux,

Ne ramentevons rien, ¹ et réparons l'offense
Par la solennité d'une heureuse alliance.

ALBERT, à part.

O dieu! quelle méprise! et qu'est-ce qu'il m'apprend?
Je rentre ici d'un trouble en un autre aussi grand.
Dans ces divers transports je ne sais que répondre;
Et, si je dis un mot, j'ai peur de me confondre.

POLIDORE.

A quoi pensez-vous là, seigneur Albert?

ALBERT.

A rien.
Remettons, je vous prie, à tantôt l'entretien.
Un mal subit me prend, qui veut que je vous laisse.

SCÈNE V.

POLIDORE.

Je lis dedans son ame, et vois ce qui le presse.
A quoi que sa raison l'eût déja disposé,
Son déplaisir n'est pas encor tout apaisé.
L'image de l'affront lui revient; et sa fuite
Tâche à me déguiser le trouble qui l'agite.
Je prends part à sa honte, et son deuil m'attendrit.
Il faut qu'un peu de temps remette son esprit :
La douleur trop contrainte aisément se redouble.
Voici mon jeune fou, d'où nous vient tout ce trouble.

---

¹ *Ramentevons*, du verbe *ramentevoir*, tiré de l'italien *ramentare*, rappeler à l'esprit, faire souvenir.

SCÈNE VI.

POLIDORE, VALÈRE.

POLIDORE.

Enfin, le beau mignon, vos beaux déportéments
Troubleront les vieux jours d'un père à tous moments;
Tous les jours vous ferez de nouvelles merveilles,
Et nous n'aurons jamais autre chose aux oreilles.

VALÈRE.

Que fais-je tous les jours qui soit si criminel?
En quoi mériter tant le courroux paternel?

POLIDORE.

Je suis un étrange homme, et d'une humeur terrible,
D'accuser un enfant si sage et si paisible!
Las! il vit comme un saint, et dedans la maison
Du matin jusqu'au soir il est en oraison!
Dire qu'il pervertit l'ordre de la nature,
Et fait du jour la nuit: ô la grande imposture!
Qu'il n'a considéré père, ni parenté,
En vingt occasions: horrible fausseté!
Que de fraîche mémoire un furtif hyménée
A la fille d'Albert a joint sa destinée,
Sans craindre de la suite un désordre puissant:
On le prend pour un autre; et le pauvre innocent
Ne sait pas seulement ce que je lui veux dire!
Ah! chien, que j'ai reçu du ciel pour mon martyre,
Te croiras-tu toujours? et ne pourrai-je pas
Te voir être une fois sage avant mon trépas?

ACTE III, SCÈNE VII.

VALÈRE, seul, rêvant.

D'où peut venir ce coup? Mon ame embarrassée
Ne voit que Mascarille où jeter sa pensée.
Il ne sera pas homme à m'en faire un aveu :
Il faut user d'adresse et me contraindre un peu
Dans ce juste courroux.

SCÈNE VII.

VALÈRE, MASCARILLE.

VALÈRE.

Mascarille, mon père,
Que je viens de trouver, sait toute notre affaire.

MASCARILLE.

Il la sait?

VALÈRE.

Oui.

MASCARILLE.

D'où diantre a-t-il pu la savoir?

VALÈRE.

Je ne sais point sur qui ma conjecture asseoir;
Mais enfin d'un succès cette affaire est suivie,
Dont j'ai tous les sujets d'avoir l'ame ravie.
Il ne m'en a pas dit un mot qui fût fâcheux;
Il excuse ma faute, il approuve mes feux :
Et je voudrois savoir qui peut être capable
D'avoir pu rendre ainsi son esprit si traitable.
Je ne puis t'exprimer l'aise que j'en reçoi.

MASCARILLE.

Et que me diriez-vous, monsieur, si c'étoit moi
Qui vous eût procuré cette heureuse fortune?

VALÈRE.

Bon! bon! tu voudrois bien ici m'en donner d'une.

MASCARILLE.

C'est moi, vous dis-je, moi, dont le patron le sait,
Et qui vous ai produit ce favorable effet.

VALÈRE.

Mais, là, sans te railler?

MASCARILLE.

Que le diable m'emporte
Si je fais raillerie, et s'il n'est de la sorte!

VALÈRE, *mettant l'épée à la main.*

Et qu'il m'entraîne, moi, si tout présentement
Tu n'en vas recevoir le juste payement!

MASCARILLE.

Ah! monsieur, qu'est ceci?[1] Je défends la surprise.

VALÈRE.

C'est la fidélité que tu m'avois promise?
Sans ma feinte, jamais tu n'eusses avoué
Le trait que j'ai bien cru que tu m'avois joué.
Traître, de qui la langue à causer trop habile
D'un père contre moi vient d'échauffer la bile,
Qui me perds tout-à-fait, il faut, sans discourir,
Que tu meures.

---

[1] Dans la plupart des éditions on trouve *qu'est-ce ceci?* Le vers aurait une syllabe de trop.

MASCARILLE.

Tout beau; mon ame, pour mourir,
N'est pas en bon état. Daignez, je vous conjure,
Attendre le succès qu'aura cette aventure.
J'ai de fortes raisons qui m'ont fait révéler
Un hymen que vous-même aviez peine à celer.
C'étoit un coup d'État; et vous verrez l'issue
Condamner la fureur que vous avez conçue.
De quoi vous fâchez-vous, pourvu que vos souhaits
Se trouvent par mes soins pleinement satisfaits,
Et voyent mettre à fin la contrainte où vous êtes?

VALÈRE.

Et si tous ces discours ne sont que des sornettes?

MASCARILLE.

Toujours serez-vous lors à temps pour me tuer.
Mais enfin mes projets pourront s'effectuer.
Dieu fera pour les siens; et, content dans la suite,
Vous me remercîrez de ma rare conduite.

VALÈRE.

Nous verrons. Mais Lucile...

MASCARILLE.

Halte! son père sort.

SCÈNE VIII.

ALBERT, VALÈRE, MASCARILLE.

ALBERT, les cinq premiers vers sans voir Valère.
Plus je reviens du trouble où j'ai donné d'abord,

Plus je me sens piqué de ce discours étrange
Sur qui ma peur prenoit un si dangereux change :
Car Lucile soutient que c'est une chanson,
Et m'a parlé d'un air à m'ôter tout soupçon...
Ah! monsieur, est-ce vous de qui l'audace insigne
Met en jeu mon honneur, et fait ce conte indigne?

MASCARILLE.

Seigneur Albert, prenez un ton un peu plus doux,
Et contre votre gendre ayez moins de courroux.

ALBERT.

Comment, gendre? Coquin! tu portes bien la mine
De pousser les ressorts d'une telle machine,
Et d'en avoir été le premier inventeur.

MASCARILLE.

Je ne vois ici rien à vous mettre en fureur.

ALBERT.

Trouves-tu beau, dis-moi, de diffamer ma fille,
Et faire un tel scandale à toute une famille?

MASCARILLE.

Le voilà prêt à faire en tout vos volontés.

ALBERT.

Que voudrois-je, sinon qu'il dît des vérités?
Si quelque intention le pressoit pour Lucile,
La recherche en pouvoit être honnête et civile;
Il falloit l'attaquer du côté du devoir,
Il falloit de son père implorer le pouvoir,
Et non pas recourir à cette lâche feinte
Qui porte à la pudeur une sensible atteinte.

MASCARILLE.

Quoi! Lucile n'est pas sous des liens secrets

ACTE III, SCÈNE VIII.

A mon maître?

ALBERT.
Non, traître! et n'y sera jamais.

MASCARILLE.
Tout doux : et s'il est vrai que ce soit chose faite,
Voulez-vous l'approuver cette chaîne secrète?

ALBERT.
Et s'il est constant, toi, que cela ne soit pas,
Veux-tu te voir casser les jambes et les bras?

VALÈRE.
Monsieur, il est aisé de vous faire paroître
Qu'il dit vrai.

ALBERT.
Bon! voilà l'autre encor, digne maître
D'un semblable valet! O les menteurs hardis!

MASCARILLE.
D'homme d'honneur, il est ainsi que je le dis.

VALÈRE.
Quel seroit notre but de vous en faire accroire?

ALBERT, à part.
Ils s'entendent tous deux comme larrons en foire.

MASCARILLE.
Mais venons à la preuve ; et, sans nous quereller,
Faites sortir Lucile, et la laissez parler.

ALBERT.
Et si le démenti par elle vous en reste?

MASCARILLE.
Elle n'en fera rien, monsieur, je vous proteste.
Promettez à leurs vœux votre consentement,
Et je veux m'exposer au plus dur châtiment,

Si de sa propre bouche elle ne vous confesse
Et la foi qui l'engage, et l'ardeur qui la presse.

ALBERT.

Il faut voir cette affaire.

(Il va frapper à sa porte.)

MASCARILLE, à Valère.

Allez, tout ira bien.

ALBERT.

Holà, Lucile! un mot.

VALÈRE, à Mascarille.

Je crains...

MASCARILLE.

Ne craignez rien.

SCÈNE IX.

LUCILE, ALBERT, VALÈRE, MASCARILLE.

MASCARILLE.

Seigneur Albert, silence au moins. Enfin, madame,
Toute chose conspire au bonheur de votre ame ;
Et monsieur votre père, averti de vos feux,
Vous laisse votre époux, et confirme vos vœux,
Pourvu que, bannissant toutes craintes frivoles,
Deux mots de votre aveu confirment nos paroles.

LUCILE.

Que me vient donc conter ce coquin assuré ?

MASCARILLE.

Bon! me voilà déja d'un beau titre honoré.

LUCILE.

Sachons un peu, monsieur, quelle belle saillie

Fait ce conte galant qu'aujourd'hui l'on publie.

VALÈRE.

Pardon, charmant objet : un valet a parlé ;
Et j'ai vu, malgré moi, notre hymen révélé.

LUCILE.

Notre hymen ?

VALÈRE.

On sait tout, adorable Lucile ;
Et vouloir déguiser est un soin inutile.

LUCILE.

Quoi ! l'ardeur de mes feux vous a fait mon époux ?

VALÈRE.

C'est un bien qui me doit faire mille jaloux :
Mais j'impute bien moins ce bonheur de ma flamme
A l'ardeur de vos feux qu'aux bontés de votre ame.
Je sais que vous avez sujet de vous fâcher,
Que c'étoit un secret que vous vouliez cacher ;
Et j'ai de mes transports forcé la violence
A ne point violer votre expresse défense :
Mais...

MASCARILLE.

Hé bien ! oui, c'est moi : le grand mal que voilà !

LUCILE.

Est-il une imposture égale à celle-là ?
Vous l'osez soutenir en ma présence même,
Et pensez m'obtenir par ce beau stratagème ?
O le plaisant amant, dont la galante ardeur
Veut blesser mon honneur au défaut de mon cœur,
Et que mon père, ému de l'éclat d'un sot conte,
Paie avec mon hymen qui me couvre de honte !

Quand tout contribûroit à votre passion,
Mon père, les destins, mon inclination;
On me verroit combattre, en ma juste colère,
Mon inclination, les destins, et mon père,
Perdre même le jour, avant que de m'unir
A qui par ce moyen auroit cru m'obtenir.
Allez; et si mon sexe avecque bienséance
Se pouvoit emporter à quelque violence,
Je vous apprendrois bien à me traiter ainsi.

VALÈRE, à Mascarille.

C'en est fait, son courroux ne peut être adouci.

MASCARILLE.

Laissez-moi lui parler. Hé! madame, de grace,
A quoi bon maintenant toute cette grimace?
Quelle est votre pensée? et quel bourru transport
Contre vos propres vœux vous fait roidir si fort?
Si monsieur votre père étoit homme farouche,
Passe : mais il permet que la raison le touche;
Et lui-même m'a dit qu'une confession
Vous va tout obtenir de son affection.
Vous sentez, je crois bien, quelque petite honte
A faire un libre aveu de l'amour qui vous dompte :
Mais s'il vous a fait prendre un peu de liberté,
Par un bon mariage on voit tout rajusté;
Et, quoi que l'on reproche au feu qui vous consomme,
Le mal n'est pas si grand que de tuer un homme.
On sait que la chair est fragile quelquefois,
Et qu'une fille enfin n'est ni caillou, ni bois.
Vous n'avez pas été sans doute la première,
Et vous ne serez pas, que je crois, la dernière.

ACTE III, SCÈNE X.

LUCILE.

Quoi ! vous pouvez ouïr ces discours effrontés,
Et vous ne dites mot à ces indignités ?

ALBERT.

Que veux-tu que je die ? Une telle aventure
Me met tout hors de moi.

MASCARILLE.

Madame, je vous jure
Que déjà vous devriez avoir tout confessé.

LUCILE.

Et quoi donc confesser ?

MASCARILLE.

Quoi ? ce qui s'est passé
Entre mon maître et vous. La belle raillerie !

LUCILE.

Et que s'est-il passé, monstre d'effronterie,
Entre ton maître et moi ?

MASCARILLE.

Vous devez, que je croi,
En savoir un peu plus de nouvelles que moi;
Et pour vous cette nuit fut trop douce, pour croire
Que vous puissiez si vîte en perdre la mémoire.

LUCILE.

C'est trop souffrir, mon père, un impudent valet.

(Elle lui donne un soufflet.)

SCÈNE X.

ALBERT, VALÈRE, MASCARILLE.

MASCARILLE.

Je crois qu'elle me vient de donner un soufflet.

ALBERT.

Va, coquin, scélérat, sa main vient sur ta joue
De faire une action dont son père la loue.

MASCARILLE.

Et, nonobstant cela, qu'un diable en cet instant
M'emporte, si j'ai dit rien que de très-constant !

ALBERT.

Et, nonobstant cela, qu'on me coupe une oreille,
Si tu portes fort loin une audace pareille !

MASCARILLE.

Voulez-vous deux témoins qui me justifiront ?

ALBERT.

Veux-tu deux de mes gens qui te bâtonneront ?

MASCARILLE.

Leur rapport doit au mien donner toute créance.

ALBERT.

Leurs bras peuvent du mien réparer l'impuissance.

MASCARILLE.

Je vous dis que Lucile agit par honte ainsi.

ALBERT.

Je te dis que j'aurai raison de tout ceci.

MASCARILLE.

Connoissez-vous Ormin, ce gros notaire habile ?...

ALBERT.

Connois-tu bien Grimpant, le bourreau de la ville ?...

MASCARILLE.

Et Simon le tailleur, jadis si recherché ?

ALBERT.

Et la potence mise au milieu du marché ?

MASCARILLE.

Vous verrez confirmer par eux cet hyménée.

ALBERT.

Tu verras achever par eux ta destinée.

MASCARILLE.

Ce sont eux qu'ils ont pris pour témoins de leur foi.

ALBERT.

Ce sont eux qui dans peu me vengeront de toi.

MASCARILLE.

Et ces yeux les ont vus s'entre-donner parole.

ALBERT.

Et ces yeux te verront faire la capriole.

MASCARILLE.

Et, pour signe, Lucile avoit un voile noir.

ALBERT.

Et pour signe, ton front nous le fait assez voir.

MASCARILLE.

O l'obstiné vieillard !

ALBERT.

O le fourbe damnable !
Va, rends grace à mes ans qui me font incapable
De punir sur-le-champ l'affront que tu me fais :
Tu n'en perds que l'attente, et je te le promets.

SCÈNE XI.

VALÈRE, MASCARILLE.

VALÈRE.

Hé bien? ce beau succès que tu devois produire?...

MASCARILLE.

J'entends à demi-mot ce que vous voulez dire.
Tout s'arme contre moi ; pour moi de tous côtés
Je vois coups de bâtons et gibets apprêtés.
Aussi, pour être en paix dans ce désordre extrême,
Je me vais d'un rocher précipiter moi-même,
Si, dans le désespoir dont mon cœur est outré,
Je puis en rencontrer d'assez haut à mon gré.
Adieu, monsieur.

VALÈRE.

Non, non, ta fuite est superflue ;
Si tu meurs, je prétends que ce soit à ma vue.

MASCARILLE.

Je ne saurois mourir quand je suis regardé,
Et mon trépas ainsi se verroit retardé.

VALÈRE.

Suis-moi, traître, suis-moi ; mon amour en furie
Te fera voir si c'est matière à raillerie.

MASCARILLE, seul.

Malheureux Mascarille, à quels maux aujourd'hui
Te vois-tu condamné pour le péché d'autrui !

FIN DU TROISIÈME ACTE.

ACTE QUATRIÈME.

SCÈNE I.

ASCAGNE, FROSINE.

FROSINE.

L'aventure est fâcheuse.

ASCAGNE.

Ah! ma chère Frosine,
Le sort absolument a conclu ma ruine.
Cette affaire venue au point où la voilà
N'est pas absolument pour en demeurer là,
Il faut qu'elle passe outre: et Lucile et Valère,
Surpris des nouveautés d'un semblable mystère,
Voudront chercher un jour dans ces obscurités,
Par qui tous mes projets se verront avortés.
Car enfin, soit qu'Albert ait part au stratagême,
Ou qu'avec tout le monde on l'ait trompé lui-même,
S'il arrive une fois que mon sort éclairci
Mette ailleurs tout le bien dont le sien a grossi,
Jugez s'il aura lieu de souffrir ma présence:
Son intérêt détruit me laisse à ma naissance:
C'est fait de sa tendresse. Et, quelque sentiment

Où pour ma fourbe alors pût être mon amant,
Voudra-t-il avouer pour épouse une fille,
Qu'il verra sans appui de bien et de famille?

FROSINE.

Je trouve que c'est là raisonner comme il faut :
Mais ces réflexions devoient venir plus tôt.
Qui vous a jusqu'ici caché cette lumière ?
Il ne falloit pas être une grande sorcière
Pour voir, dès le moment de vos desseins pour lui,
Tout ce que votre esprit ne voit que d'aujourd'hui :
L'action le disoit; et, dès que je l'ai sue,
Je n'en ai prévu guère une meilleure issue.

ASCAGNE.

Que dois-je faire enfin ? Mon trouble est sans pareil :
Mettez-vous en ma place, et me donnez conseil.

FROSINE.

Ce doit être à vous-même, en prenant votre place,
A me donner conseil dessus cette disgrace;
Car je suis maintenant vous, et vous êtes moi :
Conseillez-moi, Frosine. Au point où je me voi,
Quel remède trouver ? Dites, je vous en prie.

ASCAGNE.

Hélas! ne traitez point ceci de raillerie;
C'est prendre peu de part à mes cuisants ennuis
Que de rire et de voir les termes où j'en suis.

FROSINE.

Ascagne, tout de bon, votre ennui m'est sensible,
Et pour vous en tirer je ferois mon possible.
Mais que puis-je, après tout ? Je vois fort peu de jour
A tourner cette affaire au gré de votre amour.

ASCAGNE.

Si rien ne peut m'aider, il faut donc que je meure.

FROSINE.

Ah! pour cela toujours il est assez bonne heure :
La mort est un remède à trouver quand on veut,
Et l'on s'en doit servir le plus tard que l'on peut.

ASCAGNE.

Non, non, Frosine, non; si vos conseils propices
Ne conduisent mon sort parmi ces précipices,
Je m'abandonne toute aux traits du désespoir.

FROSINE.

Savez-vous ma pensée? Il faut que j'aille voir
Là... Mais Éraste vient, qui pourroit nous distraire.
Nous pourrons, en marchant, parler de cette affaire.
Allons, retirons-nous.

SCÈNE II.

ÉRASTE, GROS-RENÉ.

ÉRASTE.

Encore rebuté?

GROS-RENÉ.

Jamais ambassadeur ne fut moins écouté.
A peine ai-je voulu lui porter la nouvelle
Du moment d'entretien que vous souhaitiez d'elle,
Qu'elle m'a répondu, tenant son quant-à-moi,
Va, va, je fais état de lui comme de toi,
Dis-lui qu'il se promène; et, sur ce beau langage,

Pour suivre son chemin, m'a tourné le visage.
Et Marinette aussi, d'un dédaigneux museau
Lâchant un laisse-nous, beau valet de carreau,
M'a planté là comme elle. Et mon sort et le vôtre
N'ont rien à se pouvoir reprocher l'un à l'autre.

ÉRASTE.

L'ingrate! recevoir avec tant de fierté
Le prompt retour d'un cœur justement emporté!
Quoi! le premier transport d'un amour qu'on abuse
Sous tant de vraisemblance est indigne d'excuse?
Et ma plus vive ardeur, en ce moment fatal,
Devoit être insensible au bonheur d'un rival?
Tout autre n'eût pas fait même chose à ma place,
Et se fût moins laissé surprendre à tant d'audace?
De mes justes soupçons suis-je sorti trop tard?
Je n'ai point attendu de serments de sa part;
Et lorsque tout le monde encor ne sait qu'en croire,
Ce cœur impatient lui rend toute sa gloire :
Il cherche à s'excuser; et le sien voit si peu
Dans ce profond respect la grandeur de mon feu!
Loin d'assurer une ame, et lui fournir des armes
Contre ce qu'un rival lui veut donner d'alarmes,
L'ingrate m'abandonne à mon jaloux transport,
Et rejette de moi message, écrit, abord!
Ah! sans doute, un amour a peu de violence,
Qu'est capable d'éteindre une si foible offense;
Et ce dépit, si prompt à s'armer de rigueur,
Découvre assez pour moi tout le fond de son cœur,
Et de quel prix doit être à présent à mon ame
Tout ce dont son caprice a pu flatter ma flamme.

Non, je ne prétends plus demeurer engagé
Pour un cœur où je vois le peu de part que j'ai ;
Et puisque l'on témoigne une froideur extrême
A conserver les gens, je veux faire de même.
GROS-RENÉ.
Et moi de même aussi. Soyons tous deux fâchés ;
Et mettons notre amour au rang des vieux péchés.
Il faut apprendre à vivre à ce sexe volage,
Et lui faire sentir que l'on a du courage.
Qui souffre ses mépris, les veut bien recevoir.
Si nous avions l'esprit de nous faire valoir,
Les femmes n'auroient pas la parole si haute.
Oh! qu'elles nous sont bien fières par notre faute!
Je veux être pendu, si nous ne les verrions
Sauter à notre cou plus que nous ne voudrions,
Sans tous ces vils devoirs dont la plupart des hommes
Les gâtent tous les jours dans le siècle où nous sommes.
ÉRASTE.
Pour moi, sur toute chose, un mépris me surprend ;
Et, pour punir le sien par un autre aussi grand,
Je veux mettre en mon cœur une nouvelle flamme.
GROS-RENÉ.
Et moi, je ne veux plus m'embarrasser de femme ;
A toutes je renonce, et crois, en bonne foi,
Que vous feriez fort bien de faire comme moi.
Car, voyez-vous, la femme est, comme on dit, mon maître,
Un certain animal difficile à connoître,
Et de qui la nature est fort encline au mal :
Et comme un animal est toujours animal,
Et ne sera jamais qu'animal, quand sa vie

Dureroit cent mille ans; aussi, sans repartie,
La femme est toujours femme, et jamais ne sera
Que femme, tant qu'entier le monde durera :
D'où vient qu'un certain Grec dit que sa tête passe
Par un sable mouvant. Car, goûtez bien, de grace,
Ce raisonnement-ci, lequel est des plus forts :
Ainsi que la tête est comme le chef du corps,
Et que le corps sans chef est pire qu'une bête,
Si le chef n'est pas bien d'accord avec la tête,
Que tout ne soit pas bien réglé par ses compas,
Nous voyons arriver de certains embarras;
La partie brutale alors veut prendre empire
Dessus la sensitive : et l'on voit que l'un tire
A *dia*, l'autre à *hurhaut*; l'un demande du mou,
L'autre du dur; enfin tout va sans savoir où :
Pour montrer qu'ici-bas, ainsi qu'on l'interprète,
La tête d'une femme est comme une girouette
Au haut d'une maison, qui tourne au premier vent :
C'est pourquoi le cousin Aristote souvent
La compare à la mer; d'où vient qu'on dit qu'au monde
On ne peut rien trouver de si stable que l'onde.
Or, par comparaison, car la comparaison
Nous fait distinctement comprendre une raison;
Et nous aimons bien mieux, nous autres gens d'étude,
Une comparaison qu'une similitude :
Par comparaison donc, mon maître, s'il vous plaît,
Comme on voit que la mer, quand l'orage s'accroît,
Vient à se courroucer, le vent souffle et ravage,
Les flots contre les flots font un remû-ménage
Horrible; et le vaisseau, malgré le nautonier,

Va tantôt à la cave, et tantôt au grenier :
Ainsi, quand une femme a sa tête fantasque,
On voit une tempête en forme de bourrasque,
Qui veut compétiter par de certains... propos ;
Et lors un... certain vent, qui, par... de certains flots,
De... certaine façon, ainsi qu'un banc de sable...
Quand... Les femmes enfin ne valent pas le diable.

ÉRASTE.

C'est fort bien raisonner.

GROS-RENÉ.

Assez bien, Dieu merci.
Mais je les vois, monsieur, qui passent par ici :
Tenez-vous ferme au moins.

ÉRASTE.

Ne te mets pas en peine.

GROS-RENÉ.

J'ai bien peur que ses yeux resserrent votre chaîne.

SCÈNE III.

LUCILE, ÉRASTE, MARINETTE, GROS-RENÉ.

MARINETTE.

Je l'aperçois encor ; mais ne vous rendez point.

LUCILE.

Ne me soupçonne pas d'être foible à ce point.

MARINETTE.

Il vient à nous.

ÉRASTE.

Non, non, ne croyez pas, madame,

Que je revienne encor vous parler de ma flamme.
C'en est fait ; je me veux guérir, et connois bien
Ce que de votre cœur a possédé le mien.
Un courroux si constant pour l'ombre d'une offense
M'a trop bien éclairci de votre indifférence ;
Et je dois vous montrer que les traits du mépris
Sont sensibles surtout aux généreux esprits.
Je l'avoûrai, mes yeux observoient dans les vôtres
Des charmes qu'ils n'ont point trouvés dans tous les autres,
Et le ravissement où j'étois de mes fers
Les auroit préférés à des sceptres offerts.
Oui, mon amour pour vous sans doute étoit extrême ;
Je vivois tout en vous ; et, je l'avoûrai même,
Peut-être qu'après tout j'aurai, quoique outragé,
Assez de peine encore à m'en voir dégagé :
Possible que, malgré la cure qu'elle essaie,
Mon ame saignera long-temps de cette plaie,
Et qu'affranchi d'un joug qui faisoit tout son bien,
Il faudra me résoudre à n'aimer jamais rien.
Mais enfin il n'importe ; et puisque votre haine
Chasse un cœur tant de fois que l'amour vous ramène,
C'est la dernière ici des importunités
Que vous aurez jamais de mes vœux rebutés.

LUCILE.

Vous pouvez faire aux miens la grace tout entière,
Monsieur, et m'épargner encor cette dernière.

ÉRASTE.

Hé bien ! madame, hé bien ! ils seront satisfaits.
Je romps avecque vous, et j'y romps pour jamais,
Puisque vous le voulez. Que je perde la vie

Lorsque de vous parler je reprendrai l'envie
LUCILE.
Tant mieux ; c'est m'obliger.
ÉRASTE.
Non, non, n'ayez pas peur
Que je fausse parole ; eussé-je un foible cœur
Jusques à n'en pouvoir effacer votre image,
Croyez que vous n'aurez jamais cet avantage
De me voir revenir.
LUCILE.
Ce seroit bien en vain.
ÉRASTE.
Moi-même de cent coups je percerois mon sein,
Si j'avois jamais fait cette bassesse insigne
De vous revoir après ce traitement indigne.
LUCILE.
Soit ; n'en parlons donc plus.
ÉRASTE.
Oui, oui, n'en parlons plus.
Et, pour trancher ici tous propos superflus,
Et vous donner, ingrate, une preuve certaine
Que je veux, sans retour, sortir de votre chaîne,
Je ne veux rien garder qui puisse retracer
Ce que de mon esprit il me faut effacer.
Voici votre portrait : il présente à la vue
Cent charmes merveilleux dont vous êtes pourvue ;
Mais il cache sous eux cent défauts aussi grands,
Et c'est un imposteur enfin que je vous rends.
GROS-RENÉ.
Bon.

LUCILE.

Et moi, pour vous suivre au dessein de tout rendre,
Voilà le diamant que vous m'aviez fait prendre.

MARINETTE.

Fort bien.

ÉRASTE.

Il est à vous encor ce bracelet.

LUCILE.

Et cette agate à vous, qu'on fit mettre en cachet.

ÉRASTE lit.

« Vous m'aimez d'une amour extrême,
« Éraste, et de mon cœur voulez être éclairci;
   « Si je n'aime Éraste de même,
« Au moins aimé-je fort qu'Éraste m'aime ainsi.

« LUCILE. »

Vous m'assuriez par là d'agréer mon service;
C'est une fausseté digne de ce supplice.

(Il déchire la lettre.)

LUCILE lit.

« J'ignore le destin de mon amour ardente,
    « Et jusqu'à quand je souffrirai:
   « Mais je sais, ô beauté charmante,
   « Que toujours je vous aimerai.

« ÉRASTE. »

Voilà qui m'assuroit à jamais de vos feux:
Et la main et la lettre ont menti toutes deux.

(Elle déchire la lettre.)

GROS-RENÉ.

Poussez.

ÉRASTE.
Elle est de vous. Suffit; même fortune.
MARINETTE, à Lucile.
Ferme.
LUCILE.
J'aurois regret d'en épargner aucune.
GROS-RENÉ, à Éraste.
N'ayez pas le dernier.
MARINETTE, à Lucile.
Tenez bon jusqu'au bout.
LUCILE.
Enfin voilà le reste.
ÉRASTE.
Et, grace au ciel, c'est tout.
Je sois exterminé, si je ne tiens parole!
LUCILE.
Me confonde le ciel, si la mienne est frivole!
ÉRASTE.
Adieu donc.
LUCILE.
Adieu donc.
MARINETTE, à Lucile.
Voilà qui va des mieux.
GROS-RENÉ, à Éraste.
Vous triomphez.
MARINETTE, à Lucile.
Allons, ôtez-vous de ses yeux.
GROS-RENÉ, à Éraste.
Retirez-vous après cet effort de courage.
MARINETTE, à Lucile.
Qu'attendez-vous encor?

GROS-RENÉ, à Éraste.
Que faut-il davantage?
ÉRASTE.
Ah! Lucile! Lucile, un cœur comme le mien
Se fera regretter; et je le sais fort bien.
LUCILE.
Éraste! Éraste! un cœur fait comme est fait le vôtre
Se peut facilement réparer par un autre.
ÉRASTE.
Non, non; cherchez partout, vous n'en aurez jamais
De si passionné pour vous, je vous promets.
Je ne dis pas cela pour vous rendre attendrie;
J'aurois tort d'en former encore quelque envie.
Mes plus ardents respects n'ont pu vous obliger;
Vous avez voulu rompre : il n'y faut plus songer.
Mais personne, après moi, quoi qu'on vous fasse entendre,
N'aura jamais pour vous de passion si tendre.
LUCILE.
Quand on aime les gens, on les traite autrement;
On fait de leur personne un meilleur jugement.
ÉRASTE.
Quand on aime les gens, on peut de jalousie,
Sur beaucoup d'apparence, avoir l'ame saisie:
Mais alors qu'on les aime, on ne peut en effet
Se résoudre à les perdre; et vous, vous l'avez fait.
LUCILE.
La pure jalousie est plus respectueuse.
ÉRASTE.
On voit d'un œil plus doux une offense amoureuse.
LUCILE.
Non, votre cœur, Éraste, étoit mal enflammé.

ÉRASTE.

Non, Lucile, jamais vous ne m'avez aimé.

LUCILE.

Hé! je crois que cela foiblement vous soucie;
Peut-être en seroit-il beaucoup mieux pour ma vie,
Si je... Mais laissons là ces discours superflus :
Je ne dis point quels sont mes pensers là-dessus.

ÉRASTE.

Pourquoi?

LUCILE.

Par la raison que nous rompons ensemble,
Et que cela n'est plus de saison, ce me semble.

ÉRASTE.

Nous rompons?

LUCILE.

Oui, vraiment; quoi! n'en est-ce pas fait?

ÉRASTE.

Et vous voyez cela d'un esprit satisfait?

LUCILE.

Comme vous.

ÉRASTE.

Comme moi?

LUCILE.

Sans doute. C'est foiblesse
De faire voir aux gens que leur perte nous blesse.

ÉRASTE.

Mais, cruelle, c'est vous qui l'avez bien voulu.

LUCILE.

Moi? point du tout; c'est vous qui l'avez résolu.

ÉRASTE.

Moi, je vous ai cru là faire un plaisir extrême.

LUCILE.

Point ; vous avez voulu vous contenter vous-même.

ÉRASTE.

Mais si mon cœur encor revouloit sa prison,
Si, tout fâché qu'il est, il demandoit pardon ?...

LUCILE.

Non, non, n'en faites rien ; ma foiblesse est trop grande,
J'aurois peur d'accorder trop tôt votre demande.

ÉRASTE.

Ah ! vous ne pouvez pas trop tôt me l'accorder,
Ni moi sur cette peur trop tôt le demander.
Consentez-y, madame : une flamme si belle
Doit, pour votre intérêt, demeurer immortelle.
Je le demande enfin, me l'accorderez-vous,
Ce pardon obligeant ?

LUCILE.

Remenez-moi chez nous.

SCÈNE IV.

MARINETTE, GROS-RENÉ.

MARINETTE.

O la lâche personne !

GROS-RENÉ.

Ah ! le foible courage !

MARINETTE.

J'en rougis de dépit.

GROS-RENÉ.

J'en suis gonflé de rage.

ACTE IV, SCÈNE IV.

Ne t'imagine pas que je me rende ainsi.

MARINETTE.

Et ne pense pas, toi, trouver ta dupe aussi.

GROS-RENÉ.

Viens, viens frotter ton nez auprès de ma colère.

MARINETTE.

Tu nous prends pour une autre, et tu n'as pas affaire
A ma sotte maîtresse. Ardez le beau museau,
Pour nous donner envie encore de sa peau !
Moi, j'aurois de l'amour pour ta chienne de face ?
Moi, je te chercherois ? Ma foi, l'on t'en fricasse
Des filles comme nous.

GROS-RENÉ.

Oui ! tu le prends par là ?
Tiens, tiens, sans y chercher tant de façon, voilà
Ton beau galant de neige,[1] avec ta nonpareille ;
Il n'aura plus l'honneur d'être sur mon oreille.

MARINETTE.

Et toi, pour te montrer que tu m'es à mépris,
Voilà ton demi-cent d'épingles de Paris,
Que tu me donnas hier avec tant de fanfare.

GROS-RENÉ.

Tiens, encor ton couteau : la pièce est riche et rare !
Il te coûta six blancs lorsque tu m'en fis don.

MARINETTE.

Tiens, tes ciseaux avec ta chaîne de laiton.

---

[1] On voit, par une comédie de Corneille, intitulée *la Galerie du Palais-Royal*, que le mot *galant* signifiait des *rubans*.

GROS-RENÉ.
J'oubliois d'avant-hier ton morceau de fromage ;
Tiens. Je voudrois pouvoir rejeter le potage
Que tu me fis manger, pour n'avoir rien à toi.

MARINETTE.
Je n'ai point maintenant de tes lettres sur moi ;
Mais j'en ferai du feu jusques à la dernière.

GROS-RENÉ.
Et des tiennes tu sais ce que j'en saurai faire.

MARINETTE.
Prends garde à ne venir jamais me reprier.

GROS-RENÉ.
Pour couper tout chemin à nous rapatrier,
Il faut rompre la paille. Une paille rompue
Rend, entre gens d'honneur, une affaire conclue.
Ne fais point les doux yeux ; je veux être fâché.

MARINETTE.
Ne me lorgne point, toi, j'ai l'esprit trop touché.

GROS-RENÉ.
Romps ; voilà le moyen de ne s'en plus dédire ;
Romps. tu ris, bonne bête !

MARINETTE.
Oui , car tu me fais rire.

GROS-RENÉ.
La peste soit ton ris ! voilà tout mon courroux
Déja dulcifié. Qu'en dis-tu ? romprons-nous,
Ou ne romprons-nous pas ?

MARINETTE.
Vois.

GROS-RENÉ.
Vois, toi.

MARINETTE.

      Vois, toi-même.

GROS-RENÉ.

Est-ce que tu consens que jamais je ne t'aime ?

MARINETTE.

Moi ? ce que tu voudras.

GROS-RENÉ.

     Ce que tu voudras, toi ;

Dis.

MARINETTE.

Je ne dirai rien.

GROS-RENÉ.

   Ni moi non plus.

MARINETTE.

       Ni moi.

GROS-RENÉ.

Ma foi, nous ferons mieux de quitter la grimace.
Touche, je te pardonne.

MARINETTE.

     Et moi, je te fais grace.

GROS-RENÉ.

Mon dieu ! qu'à tes appas je suis acoquiné !

MARINETTE.

Que Marinette est sotte après son Gros-René !

FIN DU QUATRIÈME ACTE.

ACTE CINQUIÈME.

SCÈNE I.

MASCARILLE.

« Dès que l'obscurité régnera dans la ville,
« Je me veux introduire au logis de Lucile :
« Va vite de ce pas préparer pour tantôt
« Et la lanterne sourde et les armes qu'il faut. »
Quand il m'a dit ces mots, il m'a semblé d'entendre :
Va vitement chercher un licou pour te pendre.
Venez çà, mon patron ; car, dans l'étonnement
Où m'a jeté d'abord un tel commandement,
Je n'ai pas eu le temps de vous pouvoir répondre ;
Mais je vous veux ici parler, et vous confondre :
Défendez-vous donc bien ; et raisonnons sans bruit.
Vous voulez, dites-vous, aller voir, cette nuit,
Lucile ? « Oui, Mascarille. » Et que pensez-vous faire ?
« Une action d'amant qui veut se satisfaire. »
Un action d'un homme à fort petit cerveau,
Que d'aller sans besoin risquer ainsi sa peau.
« Mais tu sais quel motif à ce dessein m'appelle,
« Lucile est irritée. » Eh bien ! tant pis pour elle.
« Mais l'amour veut que j'aille apaiser son esprit. »

Mais l'amour est un sot qui ne sait ce qu'il dit :
Nous garantira-t-il, cet amour, je vous prie,
D'un rival, ou d'un père, ou d'un frère en furie ?
« Penses-tu qu'aucun d'eux songe à nous faire mal ? »
Oui, vraiment, je le pense, et surtout ce rival.
« Mascarille, en tous cas, l'espoir où je me fonde,
« Nous irons bien armés ; et si quelqu'un nous gronde,
« Nous nous chamaillerons. » Oui ? voilà justement
Ce que votre valet ne prétend nullement.
Moi, chamailler ? Bon dieu ! suis-je un Roland, mon maître,
Ou quelque Ferragus ? C'est fort mal me connoître.
Quand je viens à songer, moi, qui me suis si cher,
Qu'il ne faut que deux doigts d'un misérable fer
Dans le corps pour vous mettre un humain dans la bière,
Je suis scandalisé d'une étrange manière.
« Mais tu seras armé de pied en cap. » Tant pis :
J'en serai moins léger à gagner le taillis ;
Et de plus, il n'est point d'armure si bien jointe
Où ne puisse glisser une vilaine pointe.
« Oh ! tu seras ainsi tenu pour un poltron. »
Soit, pourvu que toujours je branle le menton.
A table comptez-moi, si vous voulez, pour quatre ;
Mais comptez-moi pour rien s'il s'agit de se battre.
Enfin, si l'autre monde a des charmes pour vous,
Pour moi je trouve l'air de celui-ci fort doux.
Je n'ai pas grande faim de mort ni de blessure ;
Et vous ferez le sot tout seul, je vous assure.

SCÈNE II.

VALÈRE, MASCARILLE.

VALÈRE.

Je n'ai jamais trouvé de jour plus ennuyeux :
Le soleil semble s'être oublié dans les cieux ;
Et jusqu'au lit qui doit recevoir sa lumière,
Je vois rester encore une telle carrière,
Que je crois que jamais il ne l'achèvera,
Et que de sa lenteur mon ame enragera.

MASCARILLE.

Et cet empressement pour s'en aller dans l'ombre
Pêcher vite à tâtons quelque sinistre encombre...
Vous voyez que Lucile, entière en ses rebuts...

VALÈRE.

Ne me fais point ici de contes superflus.
Quand j'y devrois trouver cent embûches mortelles,
Je sens de son courroux des gênes trop cruelles ;
Et je veux l'adoucir, ou terminer mon sort.
C'est un point résolu.

MASCARILLE.

J'approuve ce transport :
Mais le mal est, monsieur, qu'il faudra s'introduire
En cachette.

VALÈRE.

Fort bien.

MASCARILLE.

Et j'ai peur de vous nuire.

VALÈRE.

Et comment?

MASCARILLE.

Une toux me tourmente à mourir,
Dont le bruit importun vous fera découvrir.
(Il tousse.)
De moment en moment... vous voyez le supplice.

VALÈRE.

Ce mal te passera, prends du jus de réglisse.

MASCARILLE.

Je ne crois pas, monsieur, qu'il se veuille passer.
Je serois ravi, moi, de ne vous point laisser :
Mais j'aurois un regret mortel, si j'étois cause
Qu'il fût à mon cher maître arrivé quelque chose.

SCÈNE III.

VALÈRE, LA RAPIÈRE, MASCARILLE.

LA RAPIÈRE.

Monsieur, de bonne part je viens d'être informé
Qu'Éraste est contre vous fortement animé,
Et qu'Albert parle aussi de faire pour sa fille
Rouer jambes et bras à votre Mascarille.

MASCARILLE.

Moi? Je ne suis pour rien dans tout cet embarras.
Qu'ai-je fait pour me voir rouer jambes et bras?
Suis-je donc gardien, pour employer ce style,
De la virginité des filles de la ville?

Sur la tentation ai-je quelque crédit?
Et puis-je mais, ¹ chétif, si le cœur leur en dit?

VALÈRE.

Oh! qu'ils ne seront pas si méchants qu'ils se disent;
Et, quelque belle ardeur que ses feux lui produisent,
Éraste n'aura pas si bon marché de nous.

LA RAPIÈRE.

S'il vous faisoit besoin, mon bras est tout à vous.
Vous savez de tout temps que je suis un bon frère.

VALÈRE.

Je vous suis obligé, monsieur de la Rapière.

LA RAPIÈRE.

J'ai deux amis aussi que je vous puis donner,
Qui contre tout venant sont gens à dégaîner,
Et sur qui vous pourrez prendre toute assurance.

MASCARILLE.

Acceptez-les, monsieur.

VALÈRE.

C'est trop de complaisance.

LA RAPIÈRE.

Le petit Gille encore eût pu nous assister,
Sans le triste accident qui vient de nous l'ôter.
Monsieur, le grand dommage! et l'homme de service!
Vous avez su le tour que lui fit la justice:
Il mourut en César; et, lui cassant les os,
Le bourreau ne lui put faire lâcher deux mots.

VALÈRE.

Monsieur de la Rapière, un homme de la sorte

---

¹ *Mais* répond ici au mot *mas* espagnol, qui signifie également *plus* et *mais*: *No puedo mas*, je n'y peux MAIS, ou je n'y peux PAS PLUS.

Doit être regretté. Mais, quant à votre escorte,
Je vous rends graces.

LA RAPIÈRE.

Soit : mais soyez averti
Qu'il vous cherche, et vous peut faire un mauvais parti.

VALÈRE.

Et moi, pour vous montrer combien je l'appréhende,
Je lui veux, s'il me cherche, offrir ce qu'il demande,
Et par toute la ville aller présentement,
Sans être accompagné que de lui seulement.

SCÈNE IV.

VALÈRE, MASCARILLE.

MASCARILLE.

Quoi! monsieur, vous voulez tenter Dieu? Quelle audace!
Las! vous voyez tous deux comme l'on nous menace;
Combien de tous côtés...

VALÈRE.

Que regardes-tu là ?

MASCARILLE.

C'est qu'il sent le bâton du côté que voilà.
Enfin, si maintenant ma prudence en est crue,
Ne nous obstinons plus à rester dans la rue;
Allons nous renfermer.

VALÈRE.

Nous renfermer! faquin,
Tu m'oses proposer un acte de coquin ?

Sus, sans plus de discours, résous-toi de me suivre.

MASCARILLE.

Hé! monsieur, mon cher maître, il est si doux de vivre!
On ne meurt qu'une fois; et c'est pour si long-temps!...

VALÈRE.

Je m'en vais t'assommer de coups, si je t'entends.
Ascagne vient ici; laissons-le; il faut attendre
Quel parti de lui-même il résoudra de prendre.
Cependant avec moi viens prendre à la maison
Pour nous frotter...

MASCARILLE.

Je n'ai nulle démangeaison.
Que maudit soit l'amour, et les filles maudites
Qui veulent en tâter, puis font les chattemites!

SCÈNE V.

ASCAGNE, FROSINE.

ASCAGNE.

Est-il bien vrai, Frosine, et ne rêvé-je point?
De grace, contez-moi bien tout de point en point.

FROSINE.

Vous en saurez assez le détail, laissez faire :
Ces sortes d'incidents ne sont, pour l'ordinaire,
Que redits trop de fois de moment en moment.
Suffit que vous sachiez qu'après ce testament
Qui vouloit un garçon pour tenir sa promesse,
De la femme d'Albert la dernière grossesse
N'accoucha que de vous; et que lui, dessous main,

Ayant depuis long-temps concerté son dessein,
Fit son fils de celui d'Ignès la bouquetière,
Qui vous donna pour sienne à nourrir à ma mère.
La mort ayant ravi ce petit innocent
Quelque dix mois après, Albert étant absent,
La crainte d'un époux et l'amour maternelle
Firent l'événement d'une ruse nouvelle.
Sa femme en secret lors se rendit son vrai sang,
Vous devîntes celui qui tenoit votre rang ;
Et la mort de ce fils mis dans votre famille
Se couvrit pour Albert de celle de sa fille.
Voilà de votre sort un mystère éclairci,
Que votre feinte mère a caché jusqu'ici ;
Elle en dit des raisons, et peut en avoir d'autres
Par qui ses intérêts n'étoient pas tous les vôtres.
Enfin, cette visite où j'espérois si peu,
Plus qu'on ne pouvoit croire a servi votre feu.
Cette Ignès vous relâche ; et, par votre autre affaire,
L'éclat de son secret devenu nécessaire,
Nous en avons nous deux votre père informé.
Un billet de sa femme a le tout confirmé ;
Et poussant plus avant encore notre pointe,
Quelque peu de fortune à notre adresse jointe,
Aux intérêts d'Albert, de Polidore après,
Nous avons ajusté si bien les intérêts,
Si doucement à lui déployé ces mystères,
Pour n'effaroucher pas d'abord trop les affaires ;
Enfin, pour dire tout, mené si prudemment
Son esprit pas à pas à l'accommodement,
Qu'autant que votre père il montre de tendresse

A confirmer les nœuds qui font votre allégresse.

ASCAGNE.

Ah! Frosine, la joie où vous m'acheminez...
Hé! que ne dois-je point à vos soins fortunés!

FROSINE.

Au reste, le bon homme est en humeur de rire,
Et pour son fils encor nous défend de rien dire.

SCÈNE VI.

POLIDORE, ASCAGNE, FROSINE.

POLIDORE.

Approchez-vous, ma fille : un tel nom m'est permis,
Et j'ai su le secret que cachoient ces habits.
Vous avez fait un trait qui, dans sa hardiesse,
Fait briller tant d'esprit et tant de gentillesse,
Que je vous en excuse, et tiens mon fils heureux
Quand il saura l'objet de ses soins amoureux.
Vous valez tout un monde, et c'est moi qui l'assure.
Mais le voici; prenons plaisir de l'aventure.
Allez faire venir tous vos gens promptement.

ASCAGNE.

Vous obéir sera mon premier compliment.

SCÈNE VII.

POLIDORE, VALÈRE, MASCARILLE.

MASCARILLE, à Valère.

Les disgraces souvent sont du ciel révélées.

ACTE V, SCÈNE VII.

J'ai songé cette nuit de perles défilées
Et d'œufs cassés, monsieur : un tel songe m'abat.

VALÈRE.

Chien de poltron !

POLIDORE.

Valère, il s'apprête un combat
Où toute ta valeur te sera nécessaire :
Tu vas avoir en tête un puissant adversaire.

MASCARILLE.

Et personne, monsieur, qui se veuille bouger
Pour retenir des gens qui se vont égorger ?
Pour moi, je le veux bien ; mais au moins, s'il arrive
Qu'un funeste accident de votre fils vous prive,
Ne m'en accusez point.

POLIDORE.

Non, non ; en cet endroit,
Je le pousse moi-même à faire ce qu'il doit.

MASCARILLE.

Père dénaturé !

VALÈRE

Ce sentiment, mon père,
Est d'un homme de cœur, et je vous en révère.
J'ai dû vous offenser, et je suis criminel
D'avoir fait tout ceci sans l'aveu paternel :
Mais, à quelque dépit que ma faute vous porte,
La nature toujours se montre la plus forte ;
Et votre honneur fait bien, quand il ne veut pas voir
Que le transport d'Éraste ait de quoi m'émouvoir.

POLIDORE.

On me faisoit tantôt redouter sa menace :

Mais les choses depuis ont bien changé de face;
Et, sans le pouvoir fuir, d'un ennemi plus fort
Tu vas être attaqué.

MASCARILLE.

Point de moyen d'accord?

VALÈRE.

Moi, le fuir! Dieu m'en garde! et qui donc pourroit-ce être?

POLIDORE.

Ascagne.

VALÈRE.

Ascagne?

POLIDORE.

Oui, tu le vas voir paroître.

VALÈRE.

Lui, qui de me servir m'avoit donné sa foi!

POLIDORE.

Oui, c'est lui qui prétend avoir affaire à toi,
Et qui veut, dans le champ où l'honneur vous appelle,
Qu'un combat seul à seul vide votre querelle.

MASCARILLE.

C'est un brave homme; il sait que les cœurs généreux
Ne mettent point les gens en compromis pour eux.

POLIDORE.

Enfin, d'une imposture ils te rendent coupable,
Dont le ressentiment m'a paru raisonnable :
Si bien qu'Albert et moi sommes tombés d'accord
Que tu satisferois Ascagne sur ce tort;
Mais aux yeux d'un chacun, et sans nulles remises,
Dans les formalités en pareil cas requises.

ACTE V, SCÈNE VIII.

VALÈRE.

Et Lucile, mon père, a d'un cœur endurci...

POLIDORE.

Lucile épouse Éraste, et te condamne aussi ;
Et, pour convaincre mieux tes discours d'injustice,
Veut qu'à tes propres yeux cet hymen s'accomplisse.

VALÈRE.

Ah ! c'est une impudence à me mettre en fureur.
Elle a donc perdu sens, foi, conscience, honneur !

SCÈNE VIII.

ALBERT, POLIDORE, LUCILE, ÉRASTE,
VALÈRE, MASCARILLE.

ALBERT.

Hé bien ! les combattants ? on amène le nôtre.
Avez-vous disposé le courage du vôtre ?

VALÈRE.

Oui, oui, me voilà prêt, puisqu'on m'y veut forcer ;
Et si j'ai pu trouver sujet de balancer,
Un reste de respect en pouvoit être cause,
Et non pas la valeur du bras que l'on m'oppose.
Mais c'est trop me pousser, ce respect est à bout,
A toute extrémité mon esprit se résout ;
Et l'on fait voir un trait de perfidie étrange,
Dont il faut hautement que mon amour se venge.

(A Lucile.)

Non pas que cet amour prétende encore à vous,
Tout son feu se résout en ardeur de courroux ;

Et quand j'aurai rendu votre honte publique,
Votre coupable hymen n'aura rien qui me pique.
Allez, ce procédé, Lucile, est odieux;
A peine en puis-je croire au rapport de mes yeux;
C'est de toute pudeur se montrer ennemie,
Et vous devriez mourir d'une telle infamie.

LUCILE.

Un semblable discours me pourroit affliger,
Si je n'avois en main qui m'en saura venger.
Voici venir Ascagne; il aura l'avantage
De vous faire changer bien vite de langage,
Et sans beaucoup d'effort.

SCÈNE IX.

ALBERT, POLIDORE, ASCAGNE, LUCILE,
ÉRASTE, VALÈRE, FROSINE, MARINETTE,
GROS-RENÉ, MASCARILLE.

VALÈRE.

Il ne le fera pas,
Quand il joindroit au sien encor vingt autres bras.
Je le plains de défendre une sœur criminelle :
Mais puisque son erreur me veut faire querelle,
Nous le satisferons, et vous, mon brave, aussi.

ÉRASTE.

Je prenois intérêt tantôt à tout ceci;
Mais enfin, comme Ascagne a pris sur lui l'affaire,
Je ne veux plus en prendre, et je le laisse faire.

ACTE V, SCÈNE IX.

VALÈRE.

C'est bien fait; la prudence est toujours de saison.
Mais...

ÉRASTE.

Il saura pour tous vous mettre à la raison.

VALÈRE.

Lui?

POLIDORE.

Ne t'y trompe pas, tu ne sais pas encore
Quel étrange garçon est Ascagne.

ALBERT.

Il l'ignore;
Mais il pourra dans peu le lui faire savoir.

VALÈRE.

Sus donc, que maintenant il me le fasse voir.

MARINETTE.

Aux yeux de tous?

GROS-RENÉ.

Cela ne seroit pas honnête.

VALÈRE.

Se moque-t-on de moi? Je casserai la tête
A quelqu'un des rieurs. Enfin voyons l'effet.

ASCAGNE.

Non, non, je ne suis pas si méchant qu'on me fait;
Et, dans cette aventure où chacun m'intéresse,
Vous allez voir plutôt éclater ma foiblesse,
Connoître que le ciel, qui dispose de nous,
Ne me fit pas un cœur pour tenir contre vous,
Et qu'il vous réservoit pour victoire facile
De finir le destin du frère de Lucile.

Oui, bien loin de vanter le pouvoir de mon bras,
Ascagne va par vous recevoir le trépas.
Mais il veut bien mourir, si sa mort nécessaire
Peut avoir maintenant de quoi vous satisfaire,
En vous donnant pour femme, en présence de tous,
Celle qui justement ne peut être qu'à vous.

VALÈRE.

Non, quand toute la terre, après sa perfidie
Et les traits effrontés...

ASCAGNE.

Ah! souffrez que je die,
Valère, que le cœur qui vous est engagé
D'aucun crime envers vous ne peut être chargé :
Sa flamme est toujours pure, et sa constance extrême,
Et j'en prends à témoin votre père lui-même.

POLIDORE.

Oui, mon fils, c'est assez rire de ta fureur,
Et je vois qu'il est temps de te tirer d'erreur.
Celle à qui par serment ton ame est attachée,
Sous l'habit que tu vois à tes yeux est cachée :
Un intérêt de bien, dès ses plus jeunes ans,
Fit ce déguisement qui trompe tant de gens ;
Et depuis peu l'amour en a su faire un autre,
Qui t'abusa, joignant leur famille à la nôtre.
Ne va point regarder à tout le monde aux yeux ;
Je te fais maintenant un discours sérieux.
Oui, c'est elle, en un mot, dont l'adresse subtile,
La nuit, reçut ta foi sous le nom de Lucile,
Et qui, par ce ressort qu'on ne comprenoit pas,
A semé parmi vous un si grand embarras.

Mais puisque Ascagne ici fait place à Dorothée,
Il faut voir de vos feux toute imposture ôtée,
Et qu'un nœud plus sacré donne force au premier.

ALBERT.

Et c'est là justement ce combat singulier
Qui devoit envers nous réparer votre offense,
Et pour qui les édits n'ont point fait de défense.

POLIDORE.

Un tel événement rend tes esprits confus :
Mais en vain tu voudrois balancer là-dessus.

VALÈRE.

Non, non, je ne veux pas songer à m'en défendre;
Et si cette aventure a lieu de me surprendre,
La surprise me flatte; et je me sens saisir
De merveille à la fois, d'amour, et de plaisir;
Se peut-il que ces yeux…?

ALBERT.

Cet habit, cher Valère,
Souffre mal les discours que vous lui pourriez faire.
Allons lui faire en prendre un autre ; et cependant
Vous saurez le détail de tout cet incident.

VALÈRE.

Vous, Lucile, pardon si mon ame abusée…

LUCILE.

L'oubli de cette injure est une chose aisée.

ALBERT.

Allons, ce compliment se fera bien chez nous,
Et nous aurons loisir de nous en faire tous.

ÉRASTE.

Mais vous ne songez pas, en tenant ce langage,

Qu'il reste encore ici des sujets de carnage.
Voilà bien à tous deux notre amour couronné ;
Mais, de son Mascarille et de mon Gros-René,
Par qui doit Marinette être ici possédée,
Il faut que par le sang l'affaire soit vidée.

MASCARILLE.

Nenni, nenni ; mon sang dans mon corps sied trop bien ;
Qu'il l'épouse en repos, cela ne me fait rien.
De l'humeur que je sais la chère Marinette,
L'hymen ne ferme pas la porte à la fleurette.

MARINETTE.

Et tu crois que de toi je ferois mon galant ?
Un mari, passe encor, tel qu'il est on le prend ;
On n'y va pas chercher tant de cérémonie :
Mais il faut qu'un galant soit fait à faire envie.

GROS-RENÉ.

Écoute ; quand l'hymen aura joint nos deux peaux,
Je prétends qu'on soit sourde à tous les damoiseaux.

MASCARILLE.

Tu crois te marier pour toi tout seul, compère ?

GROS-RENÉ.

Bien entendu : je veux une femme sévère,
Ou je ferai beau bruit.

MASCARILLE.

     Hé ! mon dieu ! tu feras
Comme les autres font, et tu t'adouciras.
Ces gens, avant l'hymen si fâcheux et critiques,
Dégénèrent souvent en maris pacifiques.

MARINETTE.

Va, va, petit mari, ne crains rien de ma foi ;

Les douceurs ne feront que blanchir contre moi,
Et je te dirai tout.

MASCARILLE.

O la fine pratique !

Un mari confident!

MARINETTE.

Taisez-vous, as de pique.

ALBERT.

Pour la troisième fois, allons-nous-en chez nous
Poursuivre en liberté des entretiens si doux.

FIN DU DÉPIT AMOUREUX.

LES PRÉCIEUSES
RIDICULES,
COMÉDIE
EN UN ACTE ET EN PROSE,

Représentée à Paris, sur le théâtre du Petit-Bourbon, le 18 novembre 1659.

PRÉFACE.

C'est une chose étrange, qu'on imprime les gens malgré eux! Je ne vois rien de si injuste, et je pardonnerois toute autre violence plutôt que celle-là.

Ce n'est pas que je veuille faire ici l'auteur modeste, et mépriser par honneur ma comédie : j'offenserois mal à propos tout Paris, si je l'accusois d'avoir pu applaudir à une sottise. Comme le public est le juge absolu de ces sortes d'ouvrages, il y auroit de l'impertinence à moi de le démentir ; et quand j'aurois eu la plus mauvaise opinion de mes *Précieuses ridicules* avant leur représentation, je dois croire maintenant qu'elles valent quelque chose, puisque tant de gens ensemble en ont dit du bien. Mais, comme une grande partie des graces qu'on y a trouvées dépendent de l'action et du ton de voix, il m'importoit qu'on ne les dépouillât pas de ces ornements ; et je trouvois que le succès qu'elles avoient eu dans la représentation étoit assez beau pour en demeurer là. J'avois résolu, dis-je, de ne les faire voir qu'à la chandelle, pour ne point donner lieu à quelqu'un de dire le proverbe ; et je ne voulois pas qu'elles sautassent du théâtre de Bourbon dans la galerie du Palais. Cependant je n'ai pu l'éviter, et je suis tombé dans la disgrace de voir une copie dérobée de ma pièce entre les mains des libraires, accompagnée d'un privilége obtenu par surprise. J'ai eu beau crier : O temps ! ô mœurs ! on m'a fait voir une nécessité pour moi d'être imprimé, ou d'avoir un procès ; et le dernier mal est encore pire que le premier. Il faut donc se laisser aller à la destinée, et consentir à une chose qu'on ne laisseroit pas de faire sans moi.

Mon dieu ! l'étrange embarras qu'un livre à mettre au jour ! et qu'un auteur est neuf la première fois qu'on l'imprime ! Encore si l'on m'avoit donné du temps, j'aurois pu mieux songer à moi, et j'aurois pris toutes les précautions que MM. les auteurs, à présent mes confrères, ont coutume de prendre en semblables occasions. Outre quelque grand seigneur que j'aurois été prendre malgré lui pour protecteur de mon ouvrage, et dont j'aurois tenté la libéralité par une épître dédicatoire bien fleurie, j'aurois tâché de faire une belle et docte préface; et je ne manque point de livres qui m'auroient fourni tout ce qu'on peut dire de savant sur la tragédie et la comédie, l'étymologie de toutes deux, leur origine, leur définition, et le reste. J'aurois parlé aussi à mes amis, qui, pour la recommandation de ma pièce, ne m'auroient pas refusé, ou

PRÉFACE.

des vers françois, ou des vers latins : j'en ai même qui m'auroient loué en grec ; et l'on n'ignore pas qu'une louange en grec est d'une merveilleuse efficace à la tête d'un livre. Mais on me met au jour sans me donner le loisir de me reconnoître ; et je ne puis même obtenir la liberté de dire deux mots pour justifier mes intentions sur le sujet de cette comédie. J'aurois voulu faire voir qu'elle se tient partout dans les bornes de la satire honnête et permise ; que les plus excellentes choses sont sujettes à être copiées par de mauvais singes qui méritent d'être bernés ; que ces vicieuses imitations de ce qu'il y a de plus parfait ont été de tout temps la matière de la comédie ; et que, par la même raison que les véritables savants et les vrais braves ne se sont point encore avisés de s'offenser du docteur de la comédie, et du capitan, non plus que les juges, les princes et les rois, de voir Trivelin ou quelque autre, sur le théâtre, faire ridiculement le juge, le prince, ou le roi ; aussi les véritables précieuses auroient tort de se piquer, lorsqu'on joue les ridicules qui les imitent mal. Mais enfin, comme j'ai dit, on ne me laisse pas le temps de respirer, et M. de Luynes veut m'aller faire relier de ce pas. A la bonne heure, puisque Dieu l'a voulu.

PERSONNAGES.

LA GRANGE, \} amants rebutés.
DU CROISY, /
GORGIBUS, bon bourgeois.
MADELON, fille de Gorgibus, précieuse ridicule.
CATHOS, nièce de Gorgibus, précieuse ridicule.
MAROTTE, servante des précieuses ridicules.
ALMANZOR, laquais des précieuses ridicules.
LE MARQUIS DE MASCARILLE, valet de La Grange.
LE VICOMTE DE JODELET, valet de Du Croisy.
LUCILE, voisine de Gorgibus.
CÉLIMÈNE, voisine de Gorgibus.
DEUX PORTEURS DE CHAISE.
VIOLONS.

La scène est à Paris, dans la maison de Gorgibus.

LES PRÉCIEUSES RIDICULES.

SCÈNE PREMIÈRE.

LA GRANGE, DU CROISY.

DU CROISY.

Seigneur La Grange...

LA GRANGE.

Quoi?

DU CROISY.

Regardez-moi un peu sans rire.

LA GRANGE.

Hé bien?

DU CROISY.

Que dites-vous de notre visite? En êtes-vous fort satisfait?

LA GRANGE.

A votre avis, avons-nous sujet de l'être tous deux?

DU CROISY.

Pas tout-à-fait, à dire vrai.

LA GRANGE.

Pour moi, je vous avoue que j'en suis tout scandalisé.

A-t-on jamais vu, dites-moi, deux pecques [1] provinciales faire plus les renchéries que celles-là, et deux hommes traités avec plus de mépris que nous? A peine ont-elles pu se résoudre à nous faire donner des siéges. Je n'ai jamais vu tant parler à l'oreille qu'elles ont fait entre elles, tant bâiller, tant se frotter les yeux, et demander tant de fois : Quelle heure est-il? Ont-elles répondu que oui et non à tout ce que nous avons pu leur dire? Et ne m'avouerez-vous pas enfin que, quand nous aurions été les dernières personnes du monde, on ne pouvoit nous faire pis qu'elles ont fait?

DU CROISY.

Il me semble que vous prenez la chose fort à cœur.

LA GRANGE.

Sans doute, je l'y prends, et de telle façon, que je me veux venger de cette impertinence. Je connois ce qui nous a fait mépriser. L'air précieux n'a pas seulement infecté Paris; il s'est aussi répandu dans les provinces, et nos donzelles ridicules en ont humé leur bonne part. En un mot, c'est un ambigu de précieuse et de coquette que leur personne. Je vois ce qu'il faut être pour en être bien reçu; et si vous m'en croyez, nous leur jouerons tous deux une pièce qui leur fera voir leur sottise, et pourra leur apprendre à connoitre un peu mieux leur monde.

DU CROISY.

Et comment encore?

---

[1] *Pecque*, sotte, impertinente. Cette expression est du style familier; il paraît qu'elle vient de *pecus*, dont nous avons fait *pecque*, *pécore*.

SCÈNE I.

LA GRANGE.

J'ai un certain valet, nommé Mascarille, qui passe, au sentiment de beaucoup de gens, pour une manière de bel esprit; car il n'y a rien à meilleur marché que le bel esprit maintenant. C'est un extravagant qui s'est mis dans la tête de vouloir faire l'homme de condition. Il se pique ordinairement de galanterie et de vers, et dédaigne les autres valets, jusqu'à les appeler brutaux.

DU CROISY.

Hé bien! qu'en prétendez-vous faire?

LA GRANGE.

Ce que j'en prétends faire? Il faut... Mais sortons d'ici auparavant.

SCÈNE II.

GORGIBUS, DU CROISY, LA GRANGE.

GORGIBUS.

Hé bien! vous avez vu ma nièce et ma fille? Les affaires iront-elles bien? Quel est le résultat de cette visite?

LA GRANGE.

C'est une chose que vous pouvez mieux apprendre d'elles que de nous. Tout ce que nous pouvons vous dire, c'est que nous vous rendons grace de la faveur que vous nous avez faite, et demeurons vos très-humbles serviteurs.

DU CROISY.

Vos très-humbles serviteurs.

GORGIBUS, seul.

Ouais! il semble qu'ils sortent mal satisfaits d'ici. D'où pourroit venir leur mécontentement? Il faut savoir un peu ce que c'est. Holà!

SCÈNE III.

GORGIBUS, MAROTTE.

MAROTTE.

Que desirez-vous, monsieur?

GORGIBUS.

Où sont vos maîtresses?

MAROTTE.

Dans leur cabinet.

GORGIBUS.

Que font-elles?

MAROTTE.

De la pommade pour les lèvres.

GORGIBUS.

C'est trop pommadé. Dites-leur qu'elles descendent.

SCÈNE IV.

GORGIBUS.

Ces pendardes-là, avec leur pommade, ont, je pense, envie de me ruiner. Je ne vois partout que blancs d'œufs, lait virginal, et mille autres brimborions ¹ que je ne connois point. Elles ont usé, depuis que nous sommes ici, le lard d'une douzaine de cochons, pour le moins, et quatre valets vivroient tous les jours des pieds de moutons qu'elles emploient.

SCÈNE V.

MADELON, CATHOS, GORGIBUS.

GORGIBUS.

Il est bien nécessaire, vraiment, de faire tant de dépense pour vous graisser le museau! Dites-moi un peu ce que vous avez fait à ces messieurs, que je les vois sortir avec tant de froideur. Vous avois-je pas commandé de les recevoir comme des personnes que je voulois vous donner pour maris?

MADELON.

Et quelle estime, mon père, voulez-vous que nous fassions du procédé irrégulier de ces gens-là?

CATHOS.

Le moyen, mon oncle, qu'une fille un peu raisonnable se pût accommoder de leur personne?

GORGIBUS.

Et qu'y trouvez-vous à redire?

MADELON.

La belle galanterie que la leur! Quoi! débuter d'abord par le mariage!

---

¹ *Brimborions*, bagatelles. Ce mot, selon Pasquier, vient de *brevarium*, dont on fait *brebarium*, et ensuite *brimborion*.

GORGIBUS.

Et par où veux-tu donc qu'ils débutent? par le concubinage? N'est-ce pas un procédé dont vous avez sujet de vous louer toutes deux, aussi-bien que moi? Est-il rien de plus obligeant que cela? Et ce lien sacré où ils aspirent n'est-il pas un témoignage de l'honnêteté de leurs intentions?

MADELON.

Ah! mon père, ce que vous dites là est du dernier bourgeois. Cela me fait honte de vous ouïr parler de la sorte; et vous devriez un peu vous faire apprendre le bel air des choses.

GORGIBUS.

Je n'ai que faire ni d'air ni de chanson. Je te dis que le mariage est une chose sacrée, et que c'est faire en honnêtes gens que de débuter par là.

MADELON.

Mon dieu! que si tout le monde vous ressembloit, un roman seroit bientôt fini! La belle chose que ce seroit, si d'abord Cyrus épousoit Mandane, et qu'Aronce, de plein-pied, fût marié à Clélie! 1

GORGIBUS.

Que me vient conter celle-ci!

MADELON.

Mon père, voilà ma cousine qui vous dira, aussi-bien que moi, que le mariage ne doit jamais arriver qu'après

---

1 On connaît les longs romans de Cyrus et de Clélie, et l'on sait combien d'années les amants languissaient avant d'obtenir la plus légère faveur.

les autres aventures. Il faut qu'un amant, pour être agréable, sache débiter les beaux sentiments, pousser le doux, le tendre et le passionné, et que sa recherche soit dans les formes. Premièrement, il doit voir au temple, ou à la promenade, ou dans quelque cérémonie publique, la personne dont il devient amoureux; ou bien être conduit fatalement chez elle par un parent ou un ami, et sortir de là tout rêveur et mélancolique. Il cache un temps sa passion à l'objet aimé, et cependant lui rend plusieurs visites, où l'on ne manque jamais de mettre sur le tapis une question galante, qui exerce les esprits de l'assemblée. Le jour de la déclaration arrive, qui se doit faire ordinairement dans une allée de quelque jardin, tandis que la compagnie s'est un peu éloignée; et cette déclaration est suivie d'un prompt courroux qui paroît à notre rougeur, et qui, pour un temps, bannit l'amant de notre présence. Ensuite il trouve moyen de nous apaiser, de nous accoutumer insensiblement au discours de sa passion, et de tirer de nous cet aveu qui fait tant de peine. Après cela viennent les aventures, les rivaux qui se jettent à la traverse d'une inclination établie, les persécutions des pères, les jalousies conçues sur de fausses apparences, les plaintes, les désespoirs, les enlèvements, et ce qui s'ensuit. Voilà comme les choses se traitent dans les belles manières; et ce sont des règles dont, en bonne galanterie, on ne sauroit se dispenser. Mais en venir de but en blanc à l'union conjugale, ne faire l'amour qu'en faisant le contrat de mariage, et prendre justement le roman par la queue! encore un coup, mon père, il ne se peut rien de plus marchand que ce procédé; et j'ai mal au cœur de la seule vision que cela me fait.

GORGIBUS.

Quel diable de jargon entends-je ici? Voici bien du haut style.

CATHOS.

En effet, mon oncle, ma cousine donne dans le vrai de la chose. Le moyen de bien recevoir des gens qui sont tout-à-fait incongrus en galanterie! Je m'en vais gager qu'ils n'ont jamais vu la carte de Tendre, et que Billets-doux, Petits-soins, Billets-galants et Jolis-vers, sont des terres inconnues pour eux. Ne croyez-vous pas que toute leur personne marque cela, et qu'ils n'ont point cet air qui donne d'abord bonne opinion des gens? Venir en visite amoureuse avec une jambe tout unie, un chapeau désarmé de plumes, une tête irrégulière en cheveux, et un habit qui souffre une indigence de rubans; mon dieu! quels amants sont-ce là! Quelle frugalité d'ajustement, et quelle sécheresse de conversation! On n'y dure point, on n'y tient pas. J'ai remarqué encore que leurs rabats [1] ne sont point de la bonne faiseuse, et qu'il s'en faut plus d'un grand demi-pied que leurs hauts-de-chausses ne soient assez larges.

GORGIBUS.

Je pense qu'elles sont folles toutes deux, et je ne puis rien comprendre à ce baragouin. Cathos, et vous, Madelon...

---

1 Le *rabat* était en toile, en mousseline ou en dentelle, et se portait autour du collet du pourpoint, autant pour l'ornement que pour la propreté.

SCÈNE V.

MADELON.

Hé! de grace, mon père, défaites-vous de ces noms étranges, et nous appelez autrement.

GORGIBUS.

Comment, ces noms étranges! Ne sont-ce pas vos noms de baptême?

MADELON.

Mon dieu! que vous êtes vulgaire! Pour moi, un de mes étonnements, c'est que vous ayez pu faire une fille si spirituelle que moi. A-t-on jamais parlé, dans le beau style, de Cathos, ni de Madelon? et ne m'avouerez-vous pas que ce seroit assez d'un de ces noms pour décrier le plus beau roman du monde?

CATHOS.

Il est vrai, mon oncle, qu'une oreille un peu délicate pâtit furieusement à entendre prononcer ces mots-là; et le nom de Polixène, que ma cousine a choisi, et celui d'Aminte, que je me suis donné, ont une grace dont il faut que vous demeuriez d'accord.

GORGIBUS.

Écoutez: il n'y a qu'un mot qui serve. Je n'entends point que vous ayez d'autres noms que ceux qui vous ont été donnés par vos parrains et vos marraines. Et pour ces messieurs dont il est question, je connois leurs familles et leurs biens, et je veux résolument que vous vous disposiez à les recevoir pour maris. Je me lasse de vous avoir sur les bras; et la garde de deux filles est une charge un peu trop pesante pour un homme de mon âge.

CATHOS.

Pour moi, mon oncle, tout ce que je puis vous dire, c'est que je trouve le mariage une chose tout-à-fait choquante. Comment est-ce qu'on peut souffrir la pensée de coucher contre un homme vraiment nu?

MADELON.

Souffrez que nous prenions un peu haleine parmi le beau monde de Paris, où nous ne faisons que d'arriver. Laissez-nous faire à loisir le tissu de notre roman, et n'en pressez point tant la conclusion.

GORGIBUS à part.

Il n'en faut point douter, elles sont achevées. (Haut.) Encore un coup, je n'entends rien à toutes ces balivernes, je veux être maître absolu, et, pour trancher toutes sortes de discours, ou vous serez mariées toutes deux avant qu'il soit peu, ou, ma foi, vous serez religieuses; j'en fais un bon serment.

SCÈNE VI.

CATHOS, MADELON.

CATHOS.

Mon dieu! ma chère, que ton père a la forme enfoncée dans la matière! Que son intelligence est épaisse! et qu'il fait sombre dans son ame!

MADELON.

Que veux-tu, ma chère? j'en suis en confusion pour lui : j'ai peine à me persuader que je puisse être véritablement sa fille, et je crois que quelque aventure un jour me viendra développer une naissance plus illustre.

CATHOS.

Je le croirois bien; oui, il y a toutes les apparences du monde. Et pour moi, quand je regarde aussi...

SCÈNE VII.

CATHOS, MADELON, MAROTTE.

MAROTTE.

Voilà un laquais qui demande si vous êtes au logis, et dit que son maître vous veut venir voir.

MADELON.

Apprenez, sotte, à vous énoncer moins vulgairement. Dites: Voilà un nécessaire qui demande si vous êtes en commodité d'être visibles.

MAROTTE.

Dame! je n'entends point le latin; et je n'ai pas appris, comme vous, la filofie dans le Cyre.

MADELON.

L'impertinente! le moyen de souffrir cela! Et qui est-il le maître de ce laquais?

MAROTTE.

Il me l'a nommé le marquis de Mascarille.

MADELON.

Ah! ma chère, un marquis! un marquis! Oui, allez dire qu'on peut nous voir. C'est sans doute un bel-esprit qui a ouï parler de nous.

CATHOS.

Assurément, ma chère.

MADELON.

Il faut le recevoir dans cette salle basse plutôt qu'en notre chambre. Ajustons un peu nos cheveux au moins, et soutenons notre réputation. Vite, venez nous tendre ici dedans le conseiller des graces.

MAROTTE.

Par ma foi, je ne sais point quelle bête c'est là ; il faut parler chrétien, si vous voulez que je vous entende.

CATHOS.

Apportez-nous le miroir, ignorante que vous êtes, et gardez-vous bien d'en salir la glace par la communication de votre image.

(Elles sortent.)

SCÈNE VIII.

MASCARILLE, DEUX PORTEURS.

MASCARILLE.

Holà, porteurs, holà, là, là, là, là, là, là. Je pense que ces marauds-là ont dessein de me briser à force de heurter contre les murailles et les pavés.

PREMIER PORTEUR.

Dame ! c'est que la porte est étroite. Vous avez voulu aussi que nous soyons entrés jusqu'ici.

MASCARILLE.

Je le crois bien. Voudriez-vous, faquins, que j'expo-

SCÈNE VIII.

sasse l'embonpoint de mes plumes aux inclémences de la saison pluvieuse, et que j'allasse imprimer mes souliers en boue? Allez, ôtez votre chaise d'ici.

SECOND PORTEUR.

Payez-nous donc, s'il vous plaît, monsieur.

MASCARILLE.

Hé?

SECOND PORTEUR.

Je dis, monsieur, que vous nous donniez de l'argent, s'il vous plaît.

MASCARILLE, lui donnant un soufflet.

Comment, coquin! demander de l'argent à une personne de ma qualité!

SECOND PORTEUR.

Est-ce ainsi qu'on paie les pauvres gens? et votre qualité nous donne-t-elle à dîner?

MASCARILLE.

Ah! ah! je vous apprendrai à vous connoître. Ces canailles-là s'osent jouer à moi!

PREMIER PORTEUR, prenant un des bâtons de sa chaise.

Ça, payez-nous vitement.

MASCARILLE.

Quoi?

PREMIER PORTEUR.

Je dis que je veux avoir de l'argent tout à l'heure.

MASCARILLE.

Il est raisonnable celui-là.

PREMIER PORTEUR.

Vite donc.

MASCARILLE.

Oui-dà, tu parles comme il faut, toi; mais l'autre est

un coquin qui ne sait ce qu'il dit. Tiens, es-tu content ?

PREMIER PORTEUR.

Non, je ne suis pas content ; vous avez donné un soufflet à mon camarade, et... (Levant son bâton.)

MASCARILLE.

Doucement ; tiens, voilà pour le soufflet. On obtient tout de moi quand on s'y prend de la bonne façon. Allez, venez me reprendre tantôt pour aller au Louvre, au petit coucher.

SCÈNE IX.

MAROTTE, MASCARILLE.

MAROTTE.

Monsieur, voilà mes maîtresses qui vont venir tout à l'heure.

MASCARILLE.

Qu'elles ne se pressent point ; je suis ici posté commodément pour attendre.

MAROTTE.

Les voici.

SCÈNE X.

MADELON, CATHOS, MASCARILLE, ALMANZOR.

MASCARILLE, après avoir salué.

Mesdames, vous serez surprises sans doute de l'audace de ma visite : mais votre réputation vous attire cette méchante affaire; et le mérite a pour moi des charmes si puissants, que je cours partout après lui.

MADELON.

Si vous poursuivez le mérite, ce n'est pas sur nos terres que vous devez chasser.

CATHOS.

Pour voir chez nous le mérite, il a fallu que vous l'y ayez amené.

MASCARILLE.

Ah! je m'inscris en faux contre vos paroles. La renommée accuse juste en contant ce que vous valez; et vous allez faire pic repic et capot tout ce qu'il y a de galant dans Paris.

MADELON.

Votre complaisance pousse un peu trop avant la libéralité de ses louanges; et nous n'avons garde, ma cousine et moi, de donner de notre sérieux dans le doux de votre flatterie.

CATHOS.

Ma chère, il faudroit faire donner des siéges.

MADELON.

Holà! Almanzor.

ALMANZOR.

Madame?

MADELON.

Vite, voiturez-nous ici les commodités de la conversation.

MASCARILLE.

Mais, au moins, y a-t-il sûreté ici pour moi?

(Almanzor sort)

CATHOS.

Que craignez-vous?

MASCARILLE.

Quelque vol de mon cœur, quelque assassinat de ma franchise. Je vois ici deux yeux qui ont la mine d'être de fort mauvais garçons, de faire insulte aux libertés, et de traiter une ame de Turc à Maure. Comment diable! d'abord qu'on les approche, ils se mettent sur leurs gardes meurtrières! Ah! par ma foi, je m'en défie et je m'en vais gagner au pied, ou je veux caution bourgeoise qu'ils ne me feront point de mal.

MADELON.

Ma chère, c'est le caractère enjoué.

CATHOS.

Je vois bien que c'est un Amilcar.[1]

MADELON.

Ne craignez rien, nos yeux n'ont point de mauvais desseins, et votre cœur peut dormir en assurance sur leur prud'homie.

CATHOS.

Mais, de grace, monsieur, ne soyez point inexorable à ce fauteuil qui vous tend les bras il y a un quart d'heure; contentez un peu l'envie qu'il a de vous embrasser.

MASCARILLE, après s'être peigné et avoir ajusté ses canons.

Hé bien! mesdames, que dites-vous de Paris?

---

[1] *Amilcar*, personnage du roman de *Clélie*, toujours annoncé comme très-plaisant, et qui ne l'est pas.

SCÈNE X.

MADELON.

Hélas! qu'en pourrions-nous dire? Il faudroit être l'antipode de la raison pour ne pas confesser que Paris est le grand bureau des merveilles, le centre du bon goût, du bel esprit, et de la galanterie.

MASCARILLE.

Pour moi, je tiens que, hors de Paris, il n'y a point de salut pour les honnêtes gens.

CATHOS.

C'est une vérité incontestable.

MASCARILLE.

Il y fait un peu crotté; mais nous avons la chaise.

MADELON.

Il est vrai que la chaise est un retranchement merveilleux contre les insultes de la boue et du mauvais -temps.

MASCARILLE.

Vous recevez beaucoup de visites? Quel bel esprit est des vôtres?

MADELON.

Hélas! nous ne sommes pas encore connues, mais nous sommes en passe de l'être, et nous avons une amie particulière qui nous a promis d'amener ici tous ces messieurs du recueil des pièces choisies.

CATHOS.

Et certains autres qu'on nous a nommés aussi pour être les arbitres souverains des belles choses.

MASCARILLE.

C'est moi qui ferai votre affaire mieux que personne; ils me rendent tous visite; et je puis dire que je ne me lève jamais sans une demi-douzaine de beaux esprits.

MADELON.

Hé! mon dieu! nous vous serons obligées de la dernière obligation, si vous nous faites cette amitié; car enfin il faut avoir la connoissance de tous ces messieurs-là, si l'on veut être du beau monde. Ce sont eux qui donnent le branle à la réputation de Paris; et vous savez qu'il y en a tel dont il ne faut que la seule fréquentation pour vous donner bruit de connoissance, quand il n'y auroit rien autre chose que cela. Mais, pour moi, ce que je considère particulièrement, c'est que, par le moyen de ces visites spirituelles, on est instruit de cent choses qu'il faut savoir de nécessité, et qui sont de l'essence du bel esprit. On apprend par-là chaque jour les petites nouvelles galantes, les jolis commerces de prose ou de vers. On sait à point nommé: Un tel a composé la plus jolie pièce du monde sur un tel sujet; une telle a fait des paroles sur un tel air: celui-ci a fait un madrigal sur une jouissance; celui-là a composé des stances sur une infidélité: monsieur un tel écrivit hier au soir un sixain à mademoiselle une telle, dont elle lui a envoyé la réponse ce matin sur les huit heures: un tel auteur a fait un tel dessein; celui-là est à la troisième partie de son roman; cet autre met ses ouvrages sous la presse. C'est là ce qui vous fait valoir dans les compagnies; et si l'on ignore ces choses, je ne donnerois pas un clou de tout l'esprit qu'on peut avoir.

CATHOS.

En effet, je trouve que c'est renchérir sur le ridicule, qu'une personne se pique d'esprit, et ne sache pas jusqu'au moindre petit quatrain qui se fait chaque jour; et pour moi, j'aurois toutes les hontes du monde s'il falloit qu'on vînt à me demander si j'aurois vu quelque chose de nouveau que je n'aurois pas vu.

MASCARILLE.

Il est vrai qu'il est honteux de n'avoir pas des premiers tout ce qui se fait. Mais ne vous mettez pas en peine; je veux établir chez vous une académie de beaux esprits; et je vous promets qu'il ne se fera pas un bout de vers dans Paris que vous ne sachiez par cœur avant tous les autres. Pour moi, tel que vous me voyez, je m'en escrime un peu quand je veux; et vous verrez courir de ma façon, dans les belles ruelles [1] de Paris, deux cents chansons, autant de sonnets, quatre cents épigrammes, et plus de mille madrigaux, sans compter les énigmes et les portraits.

MADELON.

Je vous avoue que je suis furieusement pour les portraits; je ne vois rien de si galant que cela.

MASCARILLE.

Les portraits sont difficiles, et demandent un esprit profond: vous en verrez de ma manière qui ne vous déplairont pas.

CATHOS.

Pour moi, j'aime terriblement les énigmes.

MASCARILLE.

Cela exerce l'esprit, et j'en ai fait quatre encore ce matin, que je vous donnerai à deviner.

---

[1] *Ruelle* est pris là pour *compagnie*.

MADELON.

Les madrigaux sont agréables quand ils sont bien tournés.

MASCARILLE.

C'est mon talent particulier, et je travaille à mettre en madrigaux toute l'histoire romaine.

MADELON.

Ah! certes, cela sera du dernier beau! j'en retiens un exemplaire au moins, si vous le faites imprimer.

MASCARILLE.

Je vous en promets à chacune un, et des mieux réliés. Cela est au-dessous de ma condition ; mais je le fais seulement pour donner à gagner aux libraires qui me persécutent.

MADELON.

Je m'imagine que le plaisir est grand de se voir imprimer.

MASCARILLE.

Sans doute. Mais, à propos, il faut que je vous die un impromptu que je fis hier chez une duchesse de mes amies que je fus visiter ; car je suis diablement fort sur les impromptu.

CATHOS.

L'impromptu est justement la pierre de touche de l'esprit.

MASCARILLE.

Écoutez donc.

MADELON.

Nous y sommes de toutes nos oreilles.

SCÈNE X.

MASCARILLE.

Oh! oh! je n'y prenois pas garde :
Tandis que, sans songer à mal, je vous regarde,
Votre œil en tapinois me dérobe mon cœur !
Au voleur! au voleur! au voleur! au voleur!

CATHOS.

Ah! mon dieu! voilà qui est poussé dans le dernier galant.

MASCARILLE.

Tout ce que je fais a l'air cavalier ; cela ne sent point le pédant.

MADELON.

Il en est éloigné de plus de deux mille lieues.

MASCARILLE.

Avez-vous remarqué ce commencement *oh! oh!* Voilà qui est extraordinaire, *oh! oh!* comme un homme qui s'avise tout d'un coup, *oh! oh!* La surprise, *oh! oh!*

MADELON.

Oui, je trouve ce *oh! oh!* admirable.

MASCARILLE.

Il semble que cela ne soit rien.

CATHOS.

Ah! mon dieu! que dites-vous? Ce sont là de ces sortes de choses qui ne se peuvent payer.

MADELON.

Sans doute; et j'aimerois mieux avoir fait ce *oh! oh!* qu'un poëme épique.

MASCARILLE.

Tudieu! vous avez le goût bon.

MADELON.

Hé! je ne l'ai pas tout-à-fait mauvais.

MASCARILLE.

Mais n'admirez-vous pas aussi, *je n'y prenois pas garde? je n'y prenois pas garde*, je ne m'apercevois pas de cela; façon de parler naturelle, *je n'y prenois pas garde*. Tandis que, *sans songer à mal*, tandis qu'innocemment, sans malice, comme un pauvre mouton, *je vous regarde*, c'est-à-dire, je m'amuse à vous considérer, je vous observe, je vous contemple; *votre œil en tapinois...* Que vous semble de ce mot, *tapinois?* n'est-il pas bien choisi?

CATHOS.

Tout-à-fait bien.

MASCARILLE.

Tapinois, en cachette; il semble que ce soit un chat qui vienne de prendre une souris. *Tapinois*.

MADELON.

Il ne se peut rien de mieux.

MASCARILLE.

Me dérobe mon cœur, me l'emporte, me le ravit.
Au voleur! au voleur! au voleur! au voleur!
Ne diriez-vous pas que c'est un homme qui crie et court après un voleur pour le faire arrêter?
Au voleur! au voleur! au voleur! au voleur!

MADELON.

Il faut avouer que cela a un tour spirituel et galant.

MASCARILLE.

Je veux vous dire l'air que j'ai fait dessus.

SCÈNE X.

CATHOS.

Vous avez appris la musique?

MASCARILLE.

Moi? Point du tout.

CATHOS.

Et comment donc cela se peut-il?

MASCARILLE.

Les gens de qualité savent tout sans avoir jamais rien appris.

MADELON.

Assurément, ma chère.

MASCARILLE.

Écoutez si vous trouverez l'air à votre goût. *Hem, hem, la, la, la, la, la.* La brutalité de la saison a furieusement outragé la délicatesse de ma voix : mais il n'importe, c'est à la cavalière.

(Il chante.)

Oh! oh! je n'y prenois pas garde, etc.

CATHOS.

Ah! que voilà un air qui est passionné! Est-ce qu'on n'en meurt point?

MADELON.

Il y a de la chromatique là-dedans.

MASCARILLE.

Ne trouvez-vous pas la pensée bien exprimée dans le chant? *Au voleur! au voleur! au voleur!* Et puis comme si l'on crioit bien fort : *Au, au, au, au, au voleur!* Et tout d'un coup, comme une personne essoufflée, *au voleur!*

MADELON.

C'est là savoir le fin des choses, le grand fin, le fin du

fin. Tout est merveilleux, je vous assure; je suis enthousiasmée de l'air et des paroles.

CATHOS.

Je n'ai encore rien vu de cette force-là.

MASCARILLE.

Tout ce que je fais me vient naturellement, c'est sans étude.

MADELON.

La nature vous a traité en vraie mère passionnée, et vous en êtes l'enfant gâté.

MASCARILLE.

A quoi donc passez-vous le temps, mesdames?

CATHOS.

A rien du tout.

MADELON.

Nous avons été jusqu'ici dans un jeûne effroyable de divertissements.

MASCARILLE.

Je m'offre à vous mener l'un de ces jours à la comédie, si vous voulez; aussi-bien on en doit jouer une nouvelle que je serai bien aise que nous voyions ensemble.

MADELON.

Cela n'est pas de refus.

MASCARILLE.

Mais je vous demande d'applaudir comme il faut quand nous serons là; car je me suis engagé de faire valoir la pièce, et l'auteur m'en est venu prier encore ce matin. C'est la coutume ici qu'à nous autres gens de condition les auteurs viennent lire leurs pièces nouvelles pour nous engager à les trouver belles et leur donner de la réputation;

et je vous laisse à penser si, quand nous disons quelque chose, le parterre ose nous contredire. Pour moi, j'y suis fort exact; et quand j'ai promis à quelque poète, je crie toujours : Voilà qui est beau! devant que les chandelles soient allumées.

MADELON.

Ne m'en parlez point, c'est un admirable lieu que Paris; il s'y passe cent choses tous les jours qu'on ignore dans les provinces, quelque spirituelle qu'on puisse être.

CATHOS.

C'est assez; puisque nous sommes instruites, nous ferons notre devoir de nous écrier comme il faut sur tout ce qu'on dira.

MASCARILLE.

Je ne sais si je me trompe; mais vous avez toute la mine d'avoir fait quelque comédie.

MADELON.

Hé! il pourroit être quelque chose de ce que vous dites.

MASCARILLE.

Ah! ma foi, il faudra que nous la voyions. Entre nous, j'en ai composé une que je veux faire représenter.

CATHOS.

Hé! à quels comédiens la donnerez-vous?

MASCARILLE.

Belle demande! Aux comédiens de l'hôtel de Bourgogne; il n'y a qu'eux qui soient capables de faire valoir les choses; les autres sont des ignorants qui récitent comme l'on parle; ils ne savent pas faire ronfler les vers et s'arrêter au bel endroit. Et le moyen de connoître où est le beau vers, si le comédien ne s'y arrête, et ne vous avertit par-là qu'il faut faire le brouhaha?

CATHOS.

En effet, il y a manière de faire sentir aux auditeurs les beautés d'un ouvrage; et les choses ne valent que ce qu'on les fait valoir.

MASCARILLE.

Que vous semble de ma petite oie? [1] La trouvez-vous congruente à l'habit?

CATHOS.

Tout-à-fait.

MASCARILLE.

Le ruban en est bien choisi.

MADELON.

Furieusement bien. C'est Perdrigeon tout pur. [2]

MASCARILLE.

Que dites-vous de mes canons? [3]

---

1 On appeloit *petite oie* les rubans qui ornoient le chapeau, les gants, les bas, etc.

2 *Perdrigeon*. Nom d'un marchand très à la mode à cette époque.

3 Les *canons* étaient une bande d'étoffe fort large et souvent ornée de dentelle, qu'on attachait au-dessus du genou. Ce mot ne se trouve pas dans le dictionnaire de Monnet de 1630; ainsi la chose et le mot, sous cette acception, étaient nouveaux lorsque Molière composa les *Précieuses ridicules*. L'anecdote suivante prouve que, si l'on ne connoit pas les usages, et même les modes du siècle de Louis XIV, on peut être exposé à d'étranges quiproquo en lisant Molière. On raconte qu'un auteur allemand donnant sur le théâtre de son pays les *Précieuses ridicules* qu'il avait traduites, et ignorant la nouvelle acception du mot *canons*, faisoit mettre dans les poches de Mascarille des pistolets, qu'il montrait en disant : *Que dites-vous de mes canons.*

SCÈNE X.

MADELON.

Ils ont tout-à-fait bon air.

MASCARILLE.

Je puis me vanter au moins qu'ils ont un grand quartier plus que tous ceux qu'on fait.

MADELON.

Il faut avouer que je n'ai jamais vu porter si haut l'élégance de l'ajustement.

MASCARILLE.

Attachez un peu sur ces gants la réflexion de votre odorat.

MADELON.

Ils sentent terriblement bon.

CATHOS.

Je n'ai jamais respiré une odeur mieux conditionnée.

MASCARILLE.

Et celle-là? (Il donne à sentir les cheveux poudrés de sa perruque.)

MADELON.

Elle est tout-à-fait de qualité; le sublime en est touché délicieusement.

MASCARILLE.

Vous ne me dites rien de mes plumes! Comment les trouvez-vous?

CATHOS.

Effroyablement belles.

MASCARILLE.

Savez-vous que le brin me coûte un louis d'or? Pour moi, j'ai cette manie de vouloir donner généralement sur tout ce qu'il y a de plus beau.

MADELON.

Je vous assure que nous sympathisons vous et moi. J'ai une délicatesse furieuse pour tout ce que je porte; et, jusqu'à mes chaussettes, je ne puis rien souffrir qui ne soit de la bonne faiseuse.

MASCARILLE, s'écriant brusquement.

Ahi! ahi! ahi! doucement. Dieu me damne, mesdames! c'est fort mal en user; j'ai à me plaindre de votre procédé: cela n'est pas honnête.

CATHOS.

Qu'est-ce donc? qu'avez-vous?

MASCARILLE.

Quoi! toutes deux contre mon cœur en même temps? M'attaquer à droite et à gauche? Ah! c'est contre le droit des gens; la partie n'est pas égale, et je m'en vais crier au meurtre.

CATHOS.

Il faut avouer qu'il dit les choses d'une manière particulière.

MADELON.

Il a un tour admirable dans l'esprit.

CATHOS.

Vous avez plus de peur que de mal, et votre cœur crie avant qu'on l'écorche.

MASCARILLE.

Comment diable! il est écorché depuis la tête jusqu'aux pieds.

SCÈNE XI.

CATHOS, MADELON, MASCARILLE, MAROTTE.

MAROTTE.

Madame, on demande à vous voir.

MADELON.

Qui?

MAROTTE.

Le vicomte de Jodelet.

MASCARILLE.

Le vicomte de Jodelet?

MAROTTE.

Oui, monsieur.

CATHOS.

Le connoissez-vous?

MASCARILLE.

C'est mon meilleur ami.

MAROTTE.

Faites entrer vitement.

MASCARILLE.

Il y a quelque temps que nous ne nous sommes vus, et je suis ravi de cette aventure.

CATHOS.

Le voici.

SCÈNE XII.

CATHOS, MADELON, MASCARILLE, JODELET, MAROTTE, ALMANZOR.

MASCARILLE.

Ah! vicomte!

JODELET.

Ah! marquis! (Ils s'embrassent l'un l'autre.)

MASCARILLE.

Que je suis aise de te rencontrer!

JODELET.

Que j'ai de joie de te voir ici!

MASCARILLE.

Baise-moi donc encore un peu, je te prie.

MADELON, à Cathos.

Ma toute bonne, nous commençons d'être connues; voilà le beau monde qui prend le chemin de nous venir voir.

MASCARILLE.

Mesdames, agréez que je vous présente ce gentilhomme-ci; sur ma parole, il est digne d'être connu de vous.

JODELET.

Il est juste de venir vous rendre ce qu'on vous doit, et vos attraits exigent leurs droits seigneuriaux sur toutes sortes de personnes.

SCÈNE XII.

MADELON.

C'est pousser vos civilités jusqu'aux derniers confins de la flatterie.

CATHOS.

Cette journée doit être marquée dans notre almanach comme une journée bienheureuse.

MADELON, à Almanzor.

Allons, petit garçon, faut-il toujours vous répéter les choses? Voyez-vous pas qu'il faut le surcroît d'un fauteuil?

MASCARILLE

Ne vous étonnez pas de voir le vicomte de la sorte; il ne fait que sortir d'une maladie qui lui a rendu le visage pâle, comme vous le voyez.

JODELET.

Ce sont fruits des veilles de la cour et des fatigues de la guerre.

MASCARILLE.

Savez-vous, mesdames, que vous voyez dans le vicomte un des vaillants hommes du siècle? C'est un brave à trois poils.

JODELET.

Vous ne m'en devez rien, marquis; et nous savons ce que vous savez faire aussi.

MASCARILLE.

Il est vrai que nous nous sommes vus tous deux dans l'occasion.

JODELET.

Et dans des lieux où il faisoit fort chaud.

MASCARILLE, *regardant Cathos et Madelon.*

Oui, mais non pas si chaud qu'ici. Hi! hi! hi!

JODELET.

Notre connoissance s'est faite à l'armée; et la première fois que nous nous vîmes, il commandoit un régiment de cavalerie sur les galères de Malte.

MASCARILLE.

Il est vrai : mais vous étiez pourtant dans l'emploi avant que j'y fusse ; et je me souviens que je n'étois que petit officier encore, que vous commandiez deux mille chevaux.

JODELET.

La guerre est une belle chose : mais, ma foi, la cour récompense bien mal aujourd'hui les gens de service comme nous!

MASCARILLE.

C'est ce qui fait que je veux pendre l'épée au croc.

CATHOS.

Pour moi, j'ai un furieux tendre pour les hommes d'épée.

MADELON.

Je les aime aussi : mais je veux que l'esprit assaisonne la bravoure.

MASCARILLE.

Te souvient-il, vicomte, de cette demi-lune que nous emportâmes sur les ennemis au siége d'Arras?

JODELET.

Que veux-tu dire avec ta demi-lune? C'étoit bien une lune tout entière.

SCÈNE XII.

MASCARILLE.

Je pense que tu as raison.

JODELET.

Il m'en doit bien souvenir, ma foi! j'y fus blessé à la jambe d'un coup de grenade, dont je porte encore les marques. Tâtez un peu, de grace; vous sentirez quel coup c'étoit là.

CATHOS, après avoir touché l'endroit.

Il est vrai que la cicatrice est grande.

MASCARILLE.

Donnez-moi un peu votre main, et tâtez celui-ci : là, justement au derrière de la tête. Y êtes-vous ?

MADELON.

Oui, je sens quelque chose.

MASCARILLE.

C'est un coup de mousquet que je reçus la dernière campagne que j'ai faite.

JODELET, découvrant sa poitrine.

Voici un coup qui me perça de part en part à l'attaque de Gravelines.

MASCARILLE, mettant la main sur le bouton de son haut-de-chausse.

Je vais vous montrer une furieuse plaie.

MADELON.

Il n'est pas nécessaire, nous le croyons sans y regarder.

MASCARILLE.

Ce sont des marques honorables qui font voir ce qu'on est.

CATHOS.

Nous ne doutons pas de ce que vous êtes.

MASCARILLE.

Vicomte, as-tu là ton carrosse?

JODELET.

Pourquoi?

MASCARILLE.

Nous mènerions promener ces dames hors des portes, et leur donnerions un cadeau.

MADELON.

Nous ne saurions sortir aujourd'hui.

MASCARILLE.

Ayons donc les violons pour danser.

JODELET.

Ma foi, c'est bien avisé.

MADELON.

Pour cela nous y consentons : mais il faut donc quelque surcroît de compagnie.

MASCARILLE.

Holà, Champagne, Picard, Bourguignon, Cascaret, Basque, la Verdure, Lorrain, Provençal, la Violette. Au diable soient tous les laquais! Je ne pense pas qu'il y ait gentilhomme en France plus mal servi que moi. Ces canailles me laissent toujours seul.

MADELON.

Almanzor, dites aux gens de monsieur le marquis qu'ils aillent quérir des violons, et nous faites venir ces messieurs et ces dames d'ici près pour peupler la solitude de notre bal.

(Almanzor sort.)

MASCARILLE.

Vicomte, que dis-tu de ces yeux?

SCÈNE XII.

JODELET.

Mais toi-même, marquis, que t'en semble?

MASCARILLE.

Moi je dis que nos libertés auront peine à sortir d'ici les braies ¹ nettes. Au moins, pour moi, je reçois d'étranges secousses, et mon cœur ne tient qu'à un filet.

MADELON.

Que tout ce qu'il dit est naturel! Il tourne les choses le plus agréablement du monde.

CATHOS.

Il est vrai qu'il fait une furieuse dépense en esprit.

MASCARILLE.

Pour vous montrer que je suis véritable, je veux faire un impromptu là-dessus.

(Il médite.)

CATHOS.

Hé! je vous en conjure de toute la dévotion de mon cœur, que nous oyions quelque chose qu'on ait fait pour nous.

JODELET.

J'aurois envie d'en faire autant : mais je me trouve un peu incommodé de la veine poétique pour la quantité de saignées que j'y ai faites ces jours passés.

MASCARILLE.

Que diable est-ce là! Je fais toujours bien le premier vers; mais j'ai peine à faire les autres. Ma foi, ceci est un

---

¹ *Braie*, Linge de corps. Le dictionnaire de l'Académie rejette cette expression, comme basse et populaire.

peu trop pressé; je vous ferai un impromptu à loisir, que vous trouverez le plus beau du monde.

JODELET.

Il a de l'esprit comme un démon.

MADELON.

Et du galant, et du bien tourné.

MASCARILLE.

Vicomte, dis-moi un peu, y a-t-il long-temps que tu n'as vu la comtesse?

JODELET.

Il y a plus de trois semaines que je ne lui ai rendu visite.

MASCARILLE.

Sais-tu bien que le duc m'est venu voir ce matin, et m'a voulu mener à la campagne courir un cerf avec lui?

MADELON.

Voici nos amies qui viennent.

SCÈNE XIII.

LUCILE, CÉLIMÈNE, CATHOS, MADELON, MASCARILLE, JODELET, MAROTTE, ALMANZOR, VIOLONS.

MADELON.

Mon dieu! mes chères, nous vous demandons pardon. Ces messieurs ont eu fantaisie de nous donner les ames des pieds, et nous vous avons envoyé quérir pour remplir les vides de notre assemblée.

SCÈNE XIII.

LUCILE.

Vous nous avez obligées sans doute.

MASCARILLE.

Ce n'est ici qu'un bal à la hâte; mais, l'un de ces jours, nous vous en donnerons un dans les formes. Les violons sont-ils venus?

ALMANZOR.

Oui, monsieur, ils sont ici.

CATHOS.

Allons donc, mes chères, prenez place.

MASCARILLE, dansant lui seul comme par prélude.

La, la, la, la, la, la, la, la.

MADELON.

Il a la taille tout-à-fait élégante.

CATHOS.

Et la mine de danser proprement.

MASCARILLE, ayant pris Madelon pour danser.

Ma franchise va danser la courante aussi-bien que mes pieds. En cadence, violons, en cadence. O quels ignorants! Il n'y a pas moyen de danser avec eux. Le diable vous emporte! ne sauriez-vous jouer en mesure? La, la, la, la, la, la, la, la. Ferme. O violons de village!

JODELET, dansant ensuite.

Holà! ne pressez pas si fort la cadence; je ne fais que sortir de maladie.

SCÈNE XIV.

DU CROISY, LA GRANGE, CATHOS, MADELON, LUCILE, CÉLIMÈNE, JODELET, MASCARILLE, MAROTTE, VIOLONS.

LA GRANGE, *un bâton à la main.*

Ah! ah! coquins, que faites-vous ici? Il y a trois heures que nous vous cherchons.

MASCARILLE, *se sentant battre.*

Ahi! ahi! ahi! vous ne m'aviez pas dit que les coups en seroient aussi.

JODELET.

Ahi! ahi! ahi!

LA GRANGE.

C'est bien à vous, infame que vous êtes, à vouloir faire l'homme d'importance!

DU CROISY.

Voilà qui vous apprendra à vous connoître.

SCÈNE XV.

CATHOS, MADELON, LUCILE, CÉLIMÈNE, MASCARILLE, JODELET, MAROTTE, VIOLONS.

MADELON.

Que veut donc dire ceci?

JODELET.

C'est une gageure.

CATHOS.

Quoi! vous laisser battre de la sorte!

MASCARILLE.

Mon dieu! je n'ai pas voulu faire semblant de rien, car je suis violent, et je me serois emporté.

MADELON.

Endurer un affront comme celui-là en notre présence!

MASCARILLE.

Ce n'est rien; ne laissons pas d'achever. Nous nous connoissons il y a long-temps, et entre amis on ne va pas se piquer pour si peu de chose.

SCÈNE XVI.

DU CROISY, LA GRANGE, MADELON, CATHOS, CÉLIMÈNE, LUCILE, MASCARILLE, JODELET, MAROTTE, VIOLONS.

LA GRANGE.

Ma foi, marauds, vous ne vous rirez pas de nous, je vous promets. Entrez, vous autres.

(Trois ou quatre spadassins entrent..)

MADELON.

Quelle est donc cette audace de venir nous troubler de la sorte dans notre maison?

DU CROISY.

Comment! mesdames, nous endurerons que nos laquais

soient mieux reçus que nous; qu'ils viennent vous faire l'amour à nos dépens, et vous donner le bal?

MADELON.

Vos laquais?

LA GRANGE.

Oui, nos laquais; et cela n'est ni beau ni honnête de nous les débaucher comme vous faites.

MADELON.

O ciel! quelle insolence!

LA GRANGE.

Mais ils n'auront pas l'avantage de se servir de nos habits pour vous donner dans la vue; et si vous les voulez aimer, ce sera, ma foi, pour leurs beaux yeux. Vite qu'on les dépouille sur-le-champ.

JODELET.

Adieu notre braverie.

MASCARILLE.

Voilà le marquisat et la vicomté à bas.

DU CROISY.

Ah! ah! coquins, vous avez l'audace d'aller sur nos brisées! Vous irez chercher autre part de quoi vous rendre agréables aux yeux de vos belles, je vous en assure.

LA GRANGE.

C'est trop de nous supplanter, et de nous supplanter avec nos propres habits.

MASCARILLE.

O fortune! quelle est ton inconstance!

DU CROISY.

Vite, qu'on leur ôte jusqu'à la moindre chose.

LA GRANGE.

Qu'on emporte toutes ces hardes, dépêchez. Maintenant, mesdames, en l'état qu'ils sont, vous pouvez continuer vos amours avec eux tant qu'il vous plaira ; nous vous laisserons toute sorte de liberté pour cela, et nous vous prostestons, monsieur et moi, que nous n'en serons aucunement jaloux.

SCÈNE XVII.

MADELON, CATHOS, JODELET, MASCARILLE, VIOLONS.

CATHOS.

Ah ! quelle confusion !

MADELON.

Je crêve de dépit.

UN DES VIOLONS, à Mascarille.

Qu'est-ce donc que ceci ? Qui nous paiera, nous autres ?

MASCARILLE.

Demandez à monsieur le vicomte.

UN DES VIOLONS, à Jodelet.

Qui est-ce qui nous donnera de l'argent ?

JODELET.

Demandez à monsieur le marquis.

SCÈNE XVIII.

GORGIBUS, MADELON, CATHOS, JODELET, MASCARILLE, violons.

GORGIBUS.

Ah! coquines que vous êtes, vous nous mettez dans de beaux draps blancs, à ce que je vois! Je viens d'apprendre de belles affaires vraiment de ces messieurs et de ces dames qui sortent!

MADELON.

Ah! mon père, c'est une pièce sanglante qu'ils nous ont faite.

GORGIBUS.

Oui, c'est une pièce sanglante, mais qui est un effet de votre impertinence, infâmes. Ils se sont ressentis du traitement que vous leur avez fait; et cependant, malheureux que je suis, il faut que je boive l'affront.

MADELON.

Ah! je jure que nous en serons vengées, ou que je mourrai en la peine. Et vous, marauds, osez-vous vous tenir ici après votre insolence?

MASCARILLE.

Traiter comme cela un marquis! Voilà ce que c'est que du monde, la moindre disgrace nous fait mépriser de ceux qui nous chérissoient. Allons, camarade; allons chercher fortune autre part; je vois bien qu'on n'aime ici que la vaine apparence, et qu'on n'y considère point la vertu toute nue.

SCÈNE XIX.

GORGIBUS, MADELON, CATHOS, violons.

UN DES VIOLONS.
Monsieur, nous entendons que vous nous contentiez à leur défaut pour ce que nous avons joué ici.

GORGIBUS, les battant.
Oui, oui, je vous vais contenter, et voici la monnoie dont je vous veux payer. Et vous, pendardes, je ne sais qui me tient que je ne vous en fasse autant. Nous allons servir de fable et de risée à tout le monde, et voilà ce que vous vous êtes attiré par vos extravagances. Allez vous cacher, vilaines; allez vous cacher pour jamais. (Seul.) Et vous, qui êtes cause de leur folie, sottes billevesées, pernicieux amusements des esprits oisifs, romans, vers, chansons, sonnets et sonnettes, [1] puissiez-vous être à tous les diables!

---

[1] On raconte que Malherbe avait fait un sonnet sans observer les règles prescrites pour les rimes. Quelqu'un lui ayant dit qu'on ne recevroit pas cette pièce de vers pour un sonnet: Eh bien, répondit le poète, ce sera une sonnette.

FIN DU TOME PREMIER.

TABLE

DES MATIÈRES CONTENUES

DANS CE VOLUME.

	pages
L'ÉTOURDI, ou *Les Contre-Temps*, Comédie en cinq actes et en vers.	37
LE DÉPIT AMOUREUX, Comédie en cinq actes et en vers.	155
LES PRÉCIEUSES RIDICULES, Comédie en un acte et en prose.	259

FIN DE LA TABLE.

OUVRAGES

FAISANT PARTIE DE LA COLLECTION DES CLASSIQUES FRANÇAIS.

Malherbe (Poésies de). . . . . 1 vol. \
Pascal (Lettres provinciales). . 2 vol. |
— (Pensées de). . . . . 2 vol. | publiés.
J. B. Rousseau (Poésies de) . . 2 vol. |
Molière (OEuvres complètes). 8 vol. |
La Rochefoucauld (Max. de). . 1 vol. /
Montaigne. . . . . } sous presse.
Boileau (OEuvres complètes) . . . . . /
Voltaire (La Henriade). . . . . 1 vol.
— Poésies diverses . . . . 2 vol.
— Chefs-d'œuvre dramatiques. . . . . . . 4 vol.
Fénelon (Télémaque). . . . . 2 vol.
Massillon (Petit-Carême). . . . . 1 vol.
Racine (OEuvres complètes) . . . . 5 vol.
Labruyère (Caractères de) . . . . 3 vol.
Bossuet (Discours sur l'Histoire Universelle) 3 vol.
— Oraisons funèbres. . . . . 1 vol.
Lafontaine (Fables) . . . . 2 vol.
Corneille (Chefs-d'œuvre) . . . . 5 vol.
Montesquieu (Grandeur et décadence des
    Romains. . . . . 1 vol.
Marot (Poésies de). . . . . 1 vol.
Régnier (OEuvres de). . . . . 1 vol.
Vieux poètes (Chefs-d'œuvre des) . . . . 2 vol.

www.ingramcontent.com/pod-product-compliance
Lightning Source LLC
Chambersburg PA
CBHW071256160426
43196CB00009B/1312